優姪最書

優渥叢書

零基礎

我用K線買低賣高

" 短線當沖、抓長線大牛股、
搭主力順風車，都可以
用 177 張圖一次學會！ „

無形◎著

 CONTENTS

第1章

想買低賣高，
得先認識飆股的 7 個特徵！

第2章

股票回檔量縮時，
我該如何買到相對低點？

結合 6 大指標，
輕鬆買低賣高獲利 100%

 CONTENTS

第 4 章

從分時圖的細節，
抓到主力法人的控盤意圖！

跟著本書學會操盤技巧，
就能抓緊賺錢的機會

　　在股票市場中錯失賺錢機會，對許多投資人來說是家常便飯。小的機會錯過也就算了，但當錯過大機會的時候，別說有多後悔了，還會忍不住想：要是沒錯過機會，可能幾天就翻倍了，也可能幾個月就再多一個位數了！為什麼投資人會經常錯失賺錢的機會呢？

　　如果與那些常錯過機會的投資人進行交流，便會發現他們有一個共性：對操盤技巧瞭解得非常少、交易沒有規則、買進和賣出沒有統一的技術規則、持倉沒有正確的方法與策略、操作的隨意性很大。用一句話概括就是：不會操盤技巧。因此交易的細節不清楚，交易的策略完全缺失，就好像去打獵卻不會瞄準一樣，即使獵物就在眼前也無法有所收穫。

　　什麼是機會？賺錢時機到來的時候，你得會抓住！從事任何行業取得成果的前提，都是必須具備相應的能力。學生不努力學習知識，就考不出好成績；投資人不努力學習操盤技巧，就抓不住盈利的好機會。

　　筆者相信您擁有一顆上進的心，當您看到本段文字的時候，就說明願意學習股票操作技巧，希望經由學習擁有正確的投資理財技巧，從而增加自己薪水以外的收入。只要堅定學習股票投資技巧的信念，那麼閱讀本書就是您

踏上盈利之路的第一步。

　　筆者身邊有許多讀者朋友，經由閱讀筆者出版的股票和期貨類書籍，獲得正確的操盤技巧。每當股票市場或是期貨市場出現機會的時候，都可以在第一時間抓住價格波動過程中的最佳買點，再利用正確的持倉方法與策略一步一步，將小盈利變成大盈利。

　　每個操作細節都有理有據，每次交易都完全按規則執行。每當看到讀者朋友傳來的捷報，筆者心裡就像吃了蜜一樣甜，因為在讀者朋友的成功之路上，筆者或多或少都出了一份力，這是最令人欣慰的事情。

　　您與筆者，經由本書結緣，未來的投資之路我們一起攜手前行！面對機會，我們有技術一起掌握！面對風險，我們有方法一起迴避！在成功的道路上，您與我，都不孤單！

無形

2021 年 9 月 8 日

第 1 章

想買低賣高，
得先認識飆股的 7 個特徵！

1-1
分時特徵：
整理幅度小、上漲速度快

投資人都想買到一支飆股，因為只有飆股的上漲幅度才是最大的。如果每一輪行情都能夠操作飆股，就可以從市場中得到高獲利。雖然大多數個股表現一般般，飆股的數量比較少，但只要投資人掌握飆股的識別方法，並及時在恰當的位置買入，便不是什麼難事了。

飆股之所以能夠成為場中漲幅最大的股票，就是具備許多跟風個股或弱勢個股不具有的特徵。因此只要知道別於其他個股的技術特徵，就等於找到一座金礦。在實盤中，飆股的分時特徵表現如下。

1. 分時線波動型態非常單一，分時線線體非常順滑。
2. 均價線的支撐作用非常明顯，且趨勢線的趨勢性非常容易判斷。
3. 股價整理的幅度非常小，不會產生破位現象。
4. 上漲速度非常快，短時間就會形成較大的上漲幅度。
5. 成交量的集中放大現象非常明顯。

如圖 1-1 所示，該股股價在開盤後形成放量上攻的走勢，不到一小時便由開盤到達漲停的位置。如果在盤中操作了這樣的股票，那麼當天就可以獲得較高的短線收益。

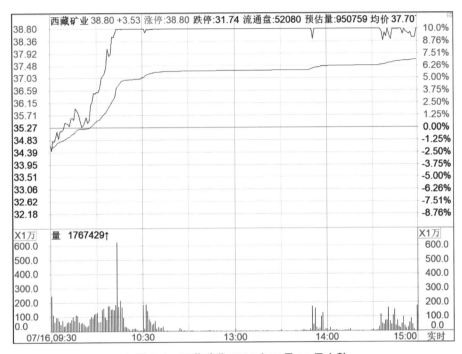

▲ 圖 1-1　西藏礦業 2021 年 7 月 16 日走勢

　　由於該股這天的上漲力度非常大，再結合其日 K 線長時間呈穩定上升的趨勢，便可以確定它的飆股身份了。當然，僅僅由漲幅判斷一支個股是不是飆股太片面，還需要經由其他技術方法，進一步確認股價走勢的特徵是否滿足飆股的技術要求。股價在盤中上漲時，飆股分時線的波動具備以下獨有的技術特點。

1. 上漲速度非常快，股價在很短的時間裡可以形成較大幅度的上漲。

2. 股價上漲時成交量出現明顯放大跡象，表示資金做多積極性很高。

3. 上漲中途的整理時間非常短暫，說明空方無力，整理僅是為了更多上漲。

4. 中途整理時股價回落的幅度較小，沒有破壞上升趨勢，且整理低點
　還得到均價線的強大支撐。

　　經由漲幅確定股價的龍頭地位以後，只要再分析分時線的波動型態，
便可以更加精確地判斷出，股價的走勢符不符合飆股的技術特徵。如果漲幅
以及實盤中的具體走勢，均滿足飆股的技術特徵，投資人就需要在盤中合適
的點位積極建倉。

　　圖 1-2 中，昊華能源在盤中形成漲停走勢。查看當天的走勢便可得知，
在能源類板塊中，該股的漲幅是最大的。飆股的一大特徵就是能形成最大漲

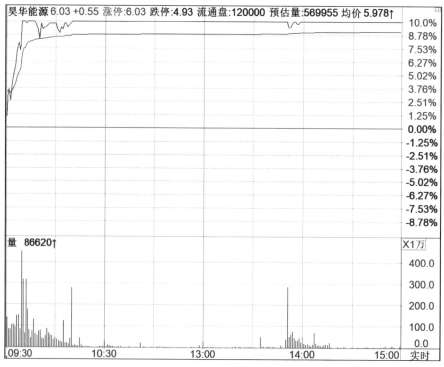

▲ 圖 1-2　昊華能源 2021 年 7 月 16 日走勢

幅，因此股價上漲的幅度告訴投資人，其龍頭特徵已經顯現。

為了進一步得出精確結論，還需分析盤中分時線的具體波動型態。如果實盤中的走勢非常強勢，那麼投資人可以積極地在股價還沒有漲停前，擇機入場買進。實盤分析主要從以下幾方面入手。

1. 查看分時線的線體是否順暢：只有飆股的分時線才是順暢的，因為資金在盤中做多的積極性非常高。顯然，該股完全滿足分時線走勢非常順暢的技術要求。

2. 查看均價線的支撐是否有效：只有主流資金在盤中積極做多時，均價線才會對股價的波動具有強大的支撐作用。從圖 1-2 中價格的整理低點走勢來看，股價數次得到均價線強大的支撐。

3. 查看價格在整理時回落幅度是否較小：毫無疑問，該股一整天的價格都沒有出現過較大的整理走勢。

4. 查看股價上漲時成交量是否足夠活躍：這一點符合要求，該股在早盤期間股價上漲時，量能非常活躍。

經由對該股實盤中的走勢進行分析便可以看到，分時線的波動走勢完全滿足飆股的技術特徵。當發現股價波動完全符合飆股的技術特徵以後，只要股價在盤中形成整理走勢，就可以積極入場。

圖 1-3 中，航發科技在盤中進行漲停走勢，這天它在航空板塊中的表現非常強勁。正因為飆股的漲幅往往是板塊中最大的，所以才最值得關注與操作。

之所以該股可以漲停，而其他跟風個股無法形成當天最大幅度的上漲，就是因為該股具備其他個股不具備的特徵。那麼，當天該股股價在波動時，有哪些特徵符合飆股的技術要求呢？

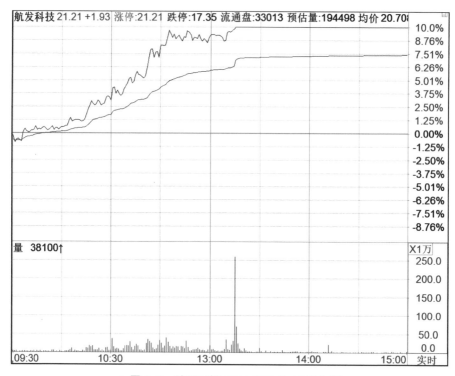

▲ 圖 1-3　航發科技 2021 年 7 月 16 日走勢

1. 股價上漲時量價配合比較完美，只要分時線形成上漲走勢，成交量便會隨之放大，這說明資金做多的積極性非常高。

2. 股價整理時回落的幅度非常小，這說明盤中空方的力量很弱，根本無力將股價深幅度地打落。空方力度越弱，股價後期延續性上漲的可能就越大。

3. 股價上漲的過程中，均價線的上升趨勢也非常單一，始終保持上升。說明市場中的資金都願意以更高的價格購買股票，這就會為股價後期的持續性上漲提供足夠動力。

　　總結該股股價波動的特徵便可以發現，分時線的任何波動都滿足飆股的技術要求。只有真正的飆股才會出現與其他個股與眾不同的走勢，所以，當投資人發現股價形成如此走勢時，便可以借助股價形成的整理或突破走勢，抓住機會入場跟進。

　　圖 1-4 中，中谷物流的股價在盤中出現強勢漲停的走勢，能漲停的個股往往都具有明顯的強勢特徵。投資人在尋找飆股時，發現的時間越早、實現的獲利就會越大，而發現飆股最好的方法，就是在實盤中進行判斷。

　　掌握實盤中飆股的技術特徵，對投資人來說有莫大的好處：一，可以在第一時間發現飆股，有時間上的優勢；二，可以在股價還沒有漲停之前買

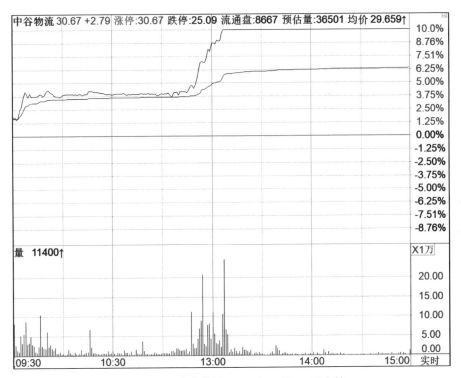

▲ 圖 1-4　中谷物流 2021 年 7 月 16 日走勢

入，避免只能第二天以更高的價格買入。那麼，該股股價這天的走勢有什麼飆股技術特徵呢？

1. 在股價上漲後的整理過程中，均價線的支撐作用非常明顯。在長時間縮量整理期間，均價線一直發揮強大的支撐作用，始終阻止價格回落。

2. 雖然整理的時間長了一點，但是股價回落的幅度很小。說明空方力量很虛弱，股價既然長時間跌不下來，那麼必然會有機會漲上去。

3. 在股價上漲的過程中，成交量與分時線的波動形成完美的配合。只要分時線上漲，成交量就會隨之放大；而只要整理走勢出現，成交量就會出現萎縮，量價配合越完美，股價上漲的可能性就越大。

4. 無論是早盤的一波上衝，還是漲停時的上漲走勢，分時線的型態都比較順滑，沒有過多曲折，這說明資金做多的願望非常強烈且目的明確。

一旦經由分時線的波動型態，發現股價的走勢具備飆股的特徵後，就要積極利用本書中講解的各種買入方法，在實盤中尋找合適的機會入場買進。飆股一旦強勢形成便會不斷上漲，所以買入越早獲利越大。

圖 1-5 中，九鼎新材在盤中形成漲停走勢，並且帶動多支相關板塊個股聯動。一支個股上漲的同時，得到同板塊個股群漲的呼應，這種現象被稱為「飆股的領漲作用」。經由上漲的走勢找到飆股後，還需要進一步知道該股為什麼能夠成為飆股，有哪些其他個股所不具備的特徵。

該股股價漲停有著必然原因，因為它的走勢強勢跡象非常明顯，其飆股的技術特徵表現在以下幾方面。

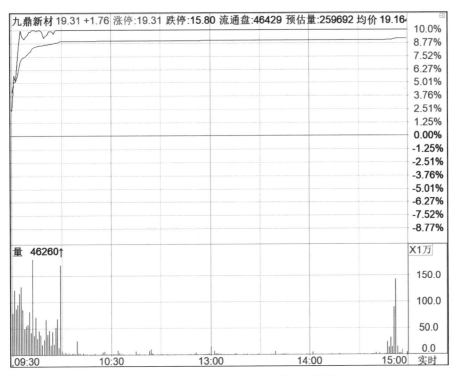

▲ 圖 1-5　九鼎新材 2021 年 7 月 16 日走勢

1. 開盤以後股價的上漲幅度很快，短時間便牢牢地封死在漲停板上，
   其快速形成的上漲走勢是跟風個股不具備的。

2. 股價快速上漲時，成交量隨之出現放大跡象。量能放大說明股價上
   漲的動力十足，只有做多動力大的股票，股價才可能大幅上漲。

3. 分時線的技術型態非常簡單。越簡單，表示資金操盤的目的越明確
   且越有力。

4. 在上漲過程中以及臨近漲停時，價格出現整理走勢但幅度都很小，
   進一步說明多方力量強大而空方力量虛弱。

面對該股如此強勁的上漲型態，難道不應當積極入場進行做多操作嗎？一旦發現分時線的波動型態滿足飆股的技術特徵，投資人就可以在當天激進買入，因為飆股的技術特徵越明顯，股價在後期持續性上漲的機率就越大。

專家心法

飆股之所以能成為漲幅最大的股票，就是具備許多跟風個股或弱勢個股不具有的特徵，只要找到這些特徵，就等於找到一座金礦。

1-2

K 線特徵：大陽線頻繁出現，上漲趨勢完整而明顯

　　在實戰中，如果投資人錯過在盤中進行操作的機會，就要在盤後進一步分析，以確定第二天的買點。很多跟風或弱勢個股也會漲停，不能簡單地認為股價漲停的個股都是飆股。如果 K 線型態不一致，那麼即使分時型態相似，飆股的身份也是無法確定的。只有先徹底研究分時線的波動型態後，再具體看一看 K 線型態的結構，才可以更準確地找到飆股。飆股在日 K 線圖中的技術特徵，主要表現在以下幾方面。

1. 在日 K 線圖中，飆股是板塊中見底或起漲時間最早的，結合分時線便可以發現。
2. K 線型態以及上升趨勢非常單一，沒有過多的波折，且整理的力度非常小，這一點與分時圖中的技術特徵高度一致。
3. 飆股在上漲時，大實體的陽線頻繁出現，陽線的平均實體普遍大於陰線實體。
4. 飆股在上漲時，上升趨勢完美保持，價格整理的低點往往會在起漲點的上方。

▲ 圖 1-6　潤和軟件 2021 年 5 月至 7 月走勢

　　其他跟風或弱勢個股在上漲時，雖然會有大陽線出現，但股價的上升趨勢會比較複雜，整理走勢還會常出現破位。但真正的飆股不會如此，它們的 K 線強勢特徵非常明顯。

　　上圖中，該股在低位震盪一段時間後，出現短線大幅上漲的行情。在上漲過程中，連續收出漲停大陽線以及一字板漲停，此種上漲型態便可以讓投資人初步確定它的飆股身份。

　　雖然價格漲得很猛烈，但不能僅憑漲得多就做出最終判斷，還需要多方面判斷股價的走勢是否具備更多飆股特徵。經由分析日 K 線圖的走勢便可以發現，該股股價在上漲過程中具備以下技術特徵。

1. 股價上漲的趨勢非常單一，上漲中途沒有過多的震盪，主力資金只想在有限的時間內，讓股價產生更大幅度的上漲，根本沒有心思讓股價來回震盪。

2. 上漲行情一氣呵成，漲停大陽線不斷出現，這說明股價在盤中上漲的力度極大，資金全速推高股價的意圖非常明顯。

3. 雖然有整理出現，但都是在盤中就完成整理，只留下一根下影線，沒有破壞日 K 線的趨勢。

　　投資人即使錯過第一階段的連續漲停，也可以憑以上三點，在股價剛整理時介入，尤其是在無量收出漲停陽線時，更可以在漲停板處等待成交。只要不見股價在日 K 線上有連續的震盪走勢，就可以積極地在分時圖中尋找當天的各種介入點。

　　圖 1-7 中，全志科技的股價出現連續大力度的上漲行情。之所以漲得如此猛烈，就是因為其強勢特徵非常明顯。那麼，該股的飆股特徵到底是什麼呢？經由總結上漲的走勢可以發現，股價的上漲型態有以下特徵。

1. 上漲型態非常單一，上升趨勢就是一條角度陡峭的直線，沒有過多複雜的震盪。上升趨勢越簡單，表示資金在盤中做多的態度越堅決。

2. 上漲途中雖然有整理走勢出現，但回落的幅度非常小。這說明盤中做空的力量很虛弱，空方力量越小，股價便越容易連續上漲。

3. 上漲途中大實體的陽線不斷出現，且整體陽線的實體始終遠大於陰線的實體。

4. 股價在剛開始上漲時，成交量便保持連續放大的趨勢。正是資金高度積極的操作，才促使股價大幅上漲走勢的形成。

▲ 圖 1-7 全志科技 2021 年 7 月走勢

　　股價的走勢同時具備多種弱勢個股不具備的強勢特徵,說明該股的飆股特徵非常明確。只要掌握這些判斷飆股的技術特徵,無論股價如何波動,都可以一眼辨別出飆股到底是誰。

　　圖 1-8 中的該股出現一輪長時間的上漲行情,它在上漲過程中,日 K 線的技術型態也符合飆股的要求。可見,技術型態本身才是操作的關鍵。該股上漲過程中,具備以上經典的飆股技術特徵。

1. 股價上漲型態單一,始終保持完好的上升趨勢,每一次整理都沒有破壞上升趨勢的完整性。

2. 雖然上漲途中多次出現整理,但比起整個上漲週期,時間非常短。

▲ 圖 1-8　＊ST 新光 2021 年上半年走勢

3. 每一次股價整理時幅度都非常小，沒有出現重新回到起漲點的現象。

4. 上漲過程中，成交量始終保持活躍放大的狀態，這說明資金做多的
　　積極性很高。

　　雖然股價的上漲走勢不如那些天天漲停的飆股直接，但這種持續不斷
震盪上漲的型態，對投資人來說是最棒的，因為有多次趁整理逢低買進的機
會。在短線飆股連續上漲時，除了追漲沒有別的辦法，但這種上漲模式的飆
股到處是買點，豈不是更好？

　　圖 1-9 中，該股形成一輪大幅度上漲的走勢。如果買到這樣一檔股票，
資金將會在短時間裡實現兩、三倍的收益。該股股價上漲空間之所以很大，

就是因為股價波動走勢具備飆股特徵，一檔股票只要具備飆股的技術特徵，就會遠超於其他個股的上漲幅度。那麼，該股股價到底具備哪些技術特徵呢？

1. 股價在底部區間起漲時資金大舉殺入，主力的建倉成本在哪裡看得清清楚楚。知道了資金成本所在，投資人跟著買進，其風險很低。

2. 股價在上漲的過程中，趨勢非常單一。技術型態結構越簡單，說明主力越不想浪費時間，只想在較短的時間創造更多的獲利，這類主力對獲利有迫切的時間要求。

3. 股價在上漲過程雖然常出現整理走勢，但第一次整理走勢出現時幅

▲ 圖 1-9　遠興能源 2021 年 2 月至 7 月走勢

度非常小，時間也非常短，說明盤中的做空力量很虛弱。

4. 股價上漲的過程中，大實體的陽線經常出現。該股雖然不像短線個
　　股一樣連續出現漲停走勢，但每當整理結束，都能以最快的速度向
　　上突破。

　　經由對 K 線圖進行精細分析，投資人可以從繁雜的走勢中找到該股獨
有的強型態。股價上漲時具備的飆股技術特徵越多，上漲的空間就會越大，
投資人只有買入這些股票，才能在每一輪行情中實現最大獲利。

　　圖 1-10 中，該股形成一輪大幅度上漲行情。在股價展開主升段之前，
低位的波動型態相對複雜，但此時的波動是主力資金為了在低點買到更多股

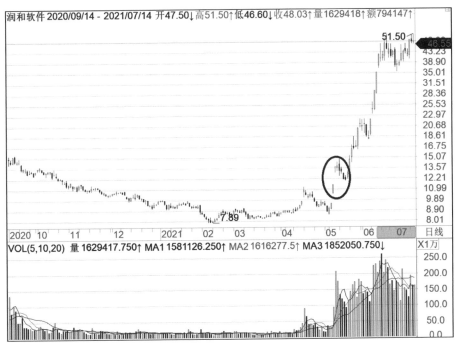

▲ 圖 1-10　潤和軟件 2021 年 5 月至 7 月走勢

票，對股價波動進行的控制。雖然在主升段到來之前，上漲的力度並不是很大，但是有一些飆股常見的技術特點。

在股價上漲初期出現一根漲停大陽線，並且成交量兩次集中放大。結合之前長時間的縮量來看，顯然此時的放量是主力資金入場的訊號。雖然股價後期出現短線的下跌，但是整理幅度很小，陰線的實體也都很小。這說明多方力量非常強大，主力資金並不想讓股價真正下跌，只是想用陰線嚇唬嚇唬膽小的投資人。而這種陽線實體很大、陰線實體很小的型態，正是飆股最大的特徵。

經過短線的整理後，股價便展開主升段的行情。上漲過程中 K 線型態的趨勢非常單一，並且在上漲的過程中陽線不斷出現，這說明主力資金根本不想浪費時間讓股價做多餘的震盪。型態越簡單，越容易讓人看懂其走勢規律，資金便越願意隨之入場。畢竟沒有人願意操作一支型態複雜、看不透的個股。

就算有時股價不太強勢，投資人不會在股價剛起漲時入場，但在上漲途中，只要發現越來越多的飆股技術特徵，就必須趕緊在日 K 線或盤中分時線處尋找合適的點位介入。飆股不怕錯過前半程，就怕中途不敢參與。型態始終簡單，上漲始終沒有停滯，只要基本面沒有意外的壞消息，股價的上漲便很難終止。

1-3

成交量特徵：
成交量大、主力積極操作

　　除了用 K 線型態來辨識飆股特徵外，還需要分析成交量的變化。一檔股票之所以可以漲得比其他多，就是因為資金在盤中積極做多。大量資金的湧入為股價上漲提供足夠動力，因此，飆股的成交量也是與眾不同的。

　　跟風股之所以上漲幅度小，就是因為入場做多的資金有限。這類個股在上漲時成交量沒有明顯規律，始終雜亂地放大。但是飆股的成交量無論股價上漲還是回落，其變化始終完美配合股價的波動。飆股的成交量特徵，往往表現在以下幾方面。

1. 成交額是近期市場同板塊中最大的，這說明資金大量的介入，促使股價大幅上漲，而股價大幅上漲又吸引更多的資金介入。

2. 成交量在股價上漲時，始終保持高度活躍狀態，成交量柱體連續拉長。主流資金操作積極，場外資金追捧熱烈。

3. 股價整理時，成交量明顯萎縮；而整理結束，新一輪上漲行情出現時，成交量又會隨之連續放大。

4. 如果是高控盤的個股，股價上漲過程中成交量始終保持低迷狀態，就說明主流資金在盤中持股的心態非常穩定，只要主力資金不撤出，就沒有資金會大規模撤出。

　　只要個股的 K 線型態具備飆股特徵，且成交量的變化也滿足飆股的要求，就可以積極操作該個股。必須將量價結合起來，才可以使分析的結論更加準確。

　　圖 1-11 的該股股價在上漲過程中，大實體的陽線不斷出現，雖然有整理走勢，但是每一次整理時股價回落的幅度都非常小。這種 K 線型態說明空方在盤中做空的力量很虛弱，空方力度越小，就證明多方的力度越大。該股的量能特徵表現如下。

1. 只要股價上漲，成交量就會隨之放大，不斷放大的成交量為股價上漲提供足夠的做多動力。

▲ 圖 1-11　華鵬飛 2021 年 4 月至 7 月走勢

2. 當股價出現整理走勢時，成交量便會急速萎縮，這說明盤中資金惜售心理嚴重，資金沒有大量離場，股價的上漲行情必然會不斷延續。

3. 比較股價上漲時的成交量與弱勢震盪時的成交量，便可以看出新入場資金的數量，比起前期，多出來的成交量，便是主力資金在股價上漲過程中新投入的資金數量。

K 線型態滿足飆股的特徵以後，只要綜合分析成交量的變化，便可以準確判斷出該股的飆股屬性。只要股價的上漲始終得到資金積極的操作，便可以在日 K 線整理過程中或分時圖中，尋找機會入場。

圖 1-12 中，該股是一支絕對的飆股，2021 年上半年上漲的幅度高達 8

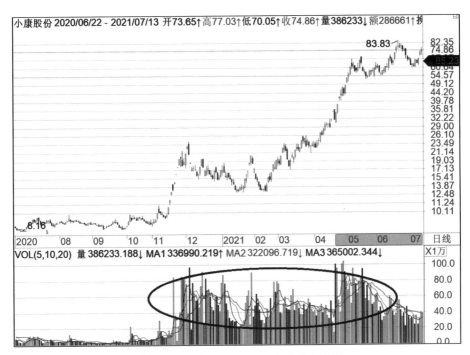

▲ 圖 1-12　小康股份 2021 年上半年走勢

倍，隨便抓住一輪上漲波段，都能獲得非常豐厚的收益。對於這種大漲幅的個股，又怎能不去花些精力研究它們的技術特徵呢？

分析 K 線型態得知，股價在上漲過程中 K 線型態非常單一；每次上漲過程中，暫時出現的整理回落幅度都較小；大陽線不斷出現，陰線實體普遍小於陽線實體。這些只有飆股才會具備的 K 線型態，使投資人可以輕鬆地判斷出它的飆股性質。

分析 K 線型態後，還需結合成交量的變化繼續分析，才能得到更加精確的結論。該股在上漲過程中成交量有以下特徵。

1. 股價在上漲過程中，成交量始終保持密集放大的勢頭，成交量不斷放大，說明盤中資金做多的積極性非常高。
2. 股價整理時，成交量都會出現萎縮的跡象，這說明盤中做空的資金很少，在整理過程中資金都堅定持股。
3. 如果與同板塊的其他個股相比就可以發現，該股的成交額是這一階段較大的，這些都反映了資金盤中運作的活躍程度。

分析成交量的變化，不僅可以得知資金的操作意圖，還可以得知資金的性質。在大量主力資金不斷做多的情況下，投資人要做的就是及時入場建倉，買入飆股的時間越早，獲利就越大。

圖 1-13 中，該股在股價上漲的過程中大陽線不斷出現。陽線的數量越多，說明盤中資金做多的積極性越高。當整理走勢出現時，陰線的實體都非常小，且波動重心基本上都沒有下移，這說明盤中做空的資金數量非常少。K 線型態向投資人透露了盤中多空的力度，只要多方佔據絕對主動，投資人就要順應上升趨勢，不斷做多。

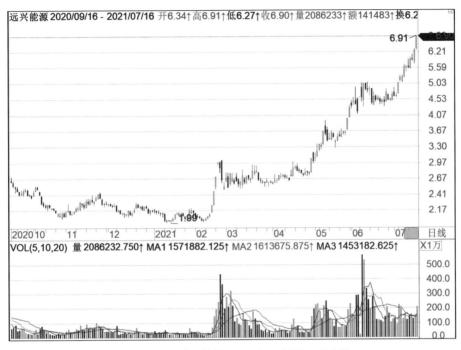

▲ 圖 1-13　遠興能源 2021 年 2 月至 7 月走勢

　　K 線型態之所以如此強勁，就是因為有大量資金在操作做多。因此，分析完 K 線型態以後，投資人還要綜合分析成交量的變化。該股在上漲的過程中，成交量有如下變化。

1. 股價上漲過程中，成交量始終保持密集放大的狀態，說明資金介入的積極性非常高。資金越是大量介入，股價便越會大幅度上漲。
2. 在上漲初中期，每當整理陰線出現時，成交量就會隨之出現萎縮的跡象。這說明在股價整理時，主流資金根本不願意撤出，留在場中的資金越多，股價就越容易漲得更高。

　　K 線型態強勢加上成交量連續放大，讓投資人可以輕鬆地判斷出該股獨具的飆股特徵。發現飆股的目的是買入，一旦確定誰是飆股，接下來的工作就是等待好的買入型態出現，然後毫不猶豫地進場。

　　中鹽化工在圖 1-14 中，出現一輪持續半年多的大幅度上漲行情。股價上漲的時間越長，說明資金在盤中做多的積極性越高，而大幅度上漲進一步確認了資金做多的有效性。如果一檔股票不是盤中的飆股，怎麼可能形成如此強勁且持續的上漲行情呢？

　　股價上漲過程中漲停大陽線常出現，說明其上漲力度非常大，這是普通跟風個股不具備的技術特徵。同時，上漲過程中趨勢都比較單一，沒有過多複雜的整理型態，這說明盤中資金不想浪費時間，更不想留下過低的介入

▲ 圖 1-14　中鹽化工 2021 年上半年走勢

點讓場外資金「撿便宜」。K 線型態處處展現出強勢，那麼成交量的變化是不是也有明顯的飆股特徵呢？答案是肯定的，該股在上漲過程中，成交量有如下特點。

1. 只要股價形成上漲走勢，成交量便會隨之出現密集放大的跡象，而量能的放大，說明資金的做多意願非常明顯。
2. 隨著股價不斷上漲，成交量也在不斷放大。這種量價配合，說明盤中資金都願意在股價上漲的途中加大做多力度，這將會促使上漲行情延續。
3. 每當整理出現時，成交量都會出現明顯縮量現象，而量能的萎縮說明資金根本沒有出局意向。

　　在主流資金只進不出的情況下，股價的強勢上漲勁頭必然會不斷保持。量價配合得是否完美，將直接影響股價上漲力度的強弱。如果一起分析 K 線型態與成交量變化，投資人便可以很清楚得知為什麼該股會成為市場中的一支飆股了。

　　圖 1-15 中，錦浪科技在股價上漲時趨勢較為簡單，重要的價格低點都保持不斷抬高的態勢。技術型態越簡單的走勢，說明主力資金的控盤能力越強，可以引導更多資金入場，節省主力資金成本形成市場合力，從而使股價更容易上漲。

　　分析 K 線型態時，千萬別忘了也要分析成交量的變化。但從圖 1-15 中的走勢來看，該股的成交量變化與前幾個案例有明顯差別：成交量除了在股價上漲初期形成放大的建倉量外，後期上漲的過程中並沒有明顯的放大，始終較為低迷。這種成交量特徵又該如何解釋呢？

　　股價上漲的過程中成交量沒有放大，說明主流資金已經買下大量股票，只要這些主流資金不離場，成交量就無法放大。雖然成交量沒有放大，但是

股價的上升趨勢依然完美。這種量價配合，說明主力資金只需要動用極少的資金，就可以推動股價長時間的上漲，這正是高控盤飆股最明顯的特徵。

股價上漲時，成交量放大說明資金操作積極；而如果成交量沒有放大，則說明主力資金的持倉比例非常高，只要主力不賣成交量就低迷。因此，對於這種高控盤的飆股，不能要求它一定放量；相反地，高度持倉之後的縮量上漲更安全，因為主力資金有沒有撤出，一眼就可以判斷出來。無量，先期介入的鉅資又如何脫身呢？

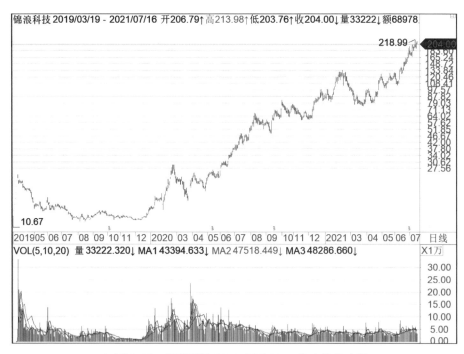

▲ 圖 1-15　錦浪科技 2020 年至 2021 年上半年走勢

1-4

漲幅特徵：
初期就能發現超大漲幅

　　投資人分析飆股時，除了要掌握 K 線特徵以及量能特徵，還要知道飆股獨有的其他技術特徵，比如超大的漲幅特徵就是其他個股不具備的。一檔股票之所以成為飆股，必然是因為得到了鉅資的積極操作。巨量的資金入場就是為了獲利，它們利用資金優勢大力推動股價上漲。而受巨量資金的影響，這些股票必然會出現最大幅度的上漲行情。

　　當巨量資金入場完成建倉後，大幅度的上漲必然會使飆股形成同板塊以及整體盤中最大的漲幅，最大的漲幅就是飆股的另一個重要特徵。

　　有讀者可能會問：「當發現飆股的超大漲幅時，股價已經飛上天了，這還怎麼操作呢？」其實這是一個誤區，飆股較大的漲幅，並不是等漲到了最高點才能看出來，而是上漲初期就能夠發現。若飆股的股價漲了百分之二十、三十，而弱勢股還在低位徘徊，是不是股價剛上漲時就能發現其身影？當飆股漲了百分之五十甚至翻倍時，弱勢股可能僅僅上漲了百分之二十、三十，那麼在上漲的中期階段，是不是也可以發現飆股？

　　所以說，飆股超大的漲幅並不是在整個行情漲起來後才能發現，而是在初期、中期、任何時期都能夠發現。因為不管在什麼時候，它們的漲幅都是最大的。順著這個思路出發，飆股就很難再被錯過了。

　　圖 1-16 中，石大勝華自 2020 年 5 月起展開一輪連續性的上漲行情。股價大幅上漲與資金積極交易脫不了關係，從圖中的成交量型態來看，股價大幅上漲時，成交量始終保持高度活躍狀態，資金積極介入是股價大幅上漲的主要原因。

　　該股在上漲的過程中，單位時間裡乃至整體漲幅，都是同板塊中最大的，股價從底部起漲到盤中的最高點，一共上漲 10 幾倍。如果投資人買入這一檔股票並耐心持有一年，10 倍的獲利讓人想想都高興。

　　對比該股的一年 10 倍，再看看那些漲 1 倍都困難的弱勢股，就能明白一個道理：想要賺取更多的收益，目光一定要集中在那些當前漲幅最大的個股身上。若強勢股都難以給出較高的獲利，那麼弱勢股就更別想了。

▲ 圖 1-16　石大勝華 2020 年 5 月至 2021 年 7 月走勢

　　圖 1-17 中，富滿電子的股價上漲過程的趨勢非常單一，雖然有整理走勢出現，但是每次回落的幅度都很小，這說明多方力量非常強大。再結合持續放大的成交量，便可以確定它符合飆股的技術特徵。

　　經由 K 線及成交量特徵確立為飆股後，還需分析股價是否在同板塊個股中，形成最大的上漲幅度。如果一支個股在上漲初期無法脫穎而出，那麼在後期的行情中也很難成為板塊的王者。飆股漲幅巨大的特徵是起漲就有的，而這一點非常容易做出判斷。

　　圖 1-17 中，該股起漲後不到一個月的時間裡便翻倍，它的漲幅就成了同板塊中幅度最大的。漲幅大、成交量活躍、整理型態又強勢，豈能在上漲的初期或中期放走這樣的飆股呢？

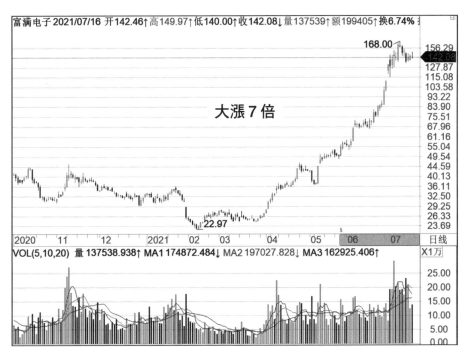

▲ 圖 1-17　富滿電子 2021 年 3 月至 7 月走勢

　　奧園美谷在圖 1-18 中出現一輪大幅上漲的走勢。上漲過程中成交量始終連續放大，這種量能型態說明主力資金一直在場中積極操作。只要主力資金不走、成交量始終活躍，股價便有持續上漲的動力。

　　股價上漲過程中雖然時有整理出現，但是整理型態要麼時間很短，要麼幅度很小，這說明多方力量非常強大。而當出現中線級別整理時，價格的低點又始終保持著抬高的趨勢。不管是短時間整理還是中線整理，多頭強勢的特徵都非常明顯，這些強勢的整理型態，正是飆股主要的技術特徵。

　　飆股的特徵一旦確立，股價必然會在後期展開長時間的上漲走勢。經過連續上漲，從底部到盤中的高點股價上漲近 8 倍，如此大的漲幅是同板塊中其他個股不具備的。漲幅位於同板塊的前列，這是飆股的重要特徵。

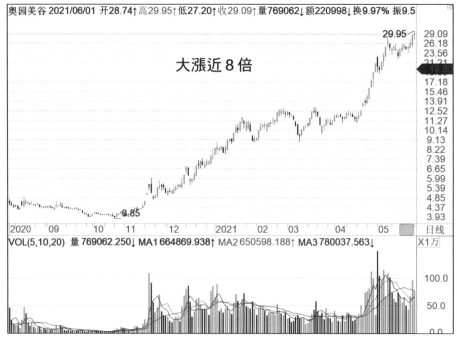

▲ 圖 1-18　奧園美谷 2020 年 10 月至 2021 年 6 月走勢

　　所以，在股價剛剛形成上升趨勢時，投資人一定要克服「恐高」的心理，積極操作。因為飆股永遠會在弱勢股還沒上漲時出現不小的漲幅，不敢買就只能錯過行情。

　　圖 1-19 的盛和資源自 2020 年 11 月見底後，出現一輪快速上漲的走勢。股價起漲後，成交量便保持著連續溫和放大的完美狀態，這說明主力資金每天都在進行更大力度的建倉操作，資金的大量湧入，促使股價在後期大幅度上漲。

　　在股價形成上升段時，成交量在股價上漲時繼續保持不斷放大的狀態，量能的不斷放大，說明資金都願意以更高的價位買入，將會促使股價不斷上漲。而當整理出現時，下跌總是難以為繼，說明資金在盤中惜售心態嚴重。

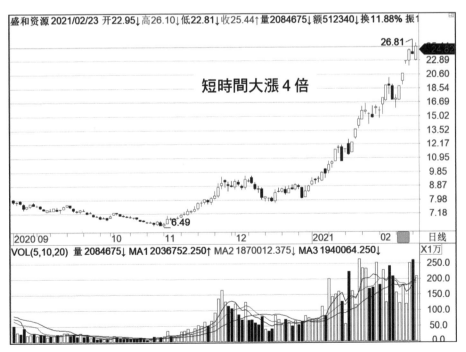

▲ 圖 1-19　盛和資源 2020 年 11 月至 2021 年 2 月走勢

上漲時有資金願意追高買入，而下跌時沒人願意持續賣出，在這種格局下，股價只有「上漲」一條路可走。

經過短短 4 個月的上漲，股價便形成 4 倍的巨大漲幅，而同板塊中其他個股卻很難形成類似的走勢。由此可見，只有買到飆股才是實現高獲利的根本保障！

圖 1-20 中，精達股份的股價一見底便收出漲停大陽線，且成交量持續保持放大，主力資金建倉的跡象非常明顯。主力資金在安頓下來後開始洗盤，手法並不是讓股價下跌嚇跑投資人，而是讓股價長時間橫盤，耗走那些沒有耐心的投資人。又建倉又洗盤，主力資金這樣折騰是為了什麼？自然是為了在後期拉升股價，實現獲利。

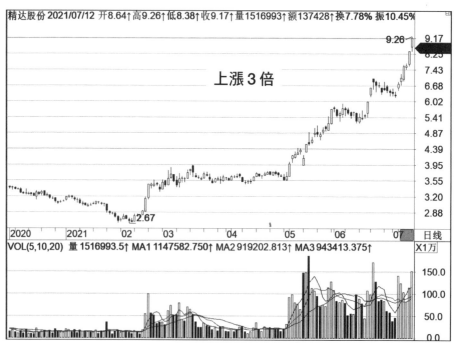

▲ 圖 1-20　精達股份 2021 年 2 月至 7 月走勢

　　股價徘徊 2 個月後，在成交量又一次放大的推動下，開始了主升段行情。在股價的主要上漲階段，成交量進一步連續放大，說明資金交易非常活躍。巨大的量能只要能夠維持住，股價便有足夠的動力上漲。

　　從見底上漲到股價到達階段性高位，5 個多月的時間出現 3 倍的漲幅，雖然算不上頂尖的漲幅，但是相比於絕大多數個股，獲利的空間已經非常大了。股價強勢、量能持續放大、整體漲幅較大，只要投資人在低位發現股價的波動具備飆股特徵，就要及時入場進行操作，買入越早，後期的獲利就越大。

專家心法

飆股超大的漲幅並不是在整個行情漲起來後才能發現，而是在初期、中期、任何時期都能夠發現。因為不管在什麼時候，它們的漲幅都是最大的。

1-5

領漲特徵：
使該板塊出現整理上漲

飆股除了具備其他個股不具備的 K 線特徵、量能特徵和漲幅特徵以外，還有一個主要的技術特徵——領漲特徵。當飆股形成強勢上漲的走勢後，其強勁的上漲力度與快速擴散的獲利效應，將會對同板塊中其他個股產生強大帶動作用。於是便會有資金介入同板塊的其他個股跟風操作，從而使該板塊出現整體性的上漲走勢，這種現象就是飆股的領漲特徵。

當鎖定的飆股滿足種種特徵後，如果領漲現象明顯，就可以百分之百確定它是飆股了。跟風個股是不可能引領其他個股上漲的，它自己都漲不動了，又怎麼可能引領其他個股呢？所以，領漲現象是飆股獨有的。

圖 1-21 中，昊華能源開盤後不久便展開快速上漲行情。上漲過程中，分時特徵完全滿足飆股的技術要求，且股價在較短時間內便形成漲停走勢。股價當天上漲的速度非常快，幅度也是同板塊中最大的，因此該股的飆股地位可以確定。確定是飆股以後，就需要分析同板塊中其他個股，看看其走勢是否受到該股的影響。

在昊華能源接近漲停時，中煤能源出現明顯的跟風上漲走勢。從時間上來講，昊華能源的上漲在前，中煤能源的上漲在後，這種現象就是領漲明顯的技術特徵。只有飆股先漲，才能對同板塊其他個股產生帶動作用。飆股漲得快、漲得多，跟風股則漲得慢、漲幅明顯落後。

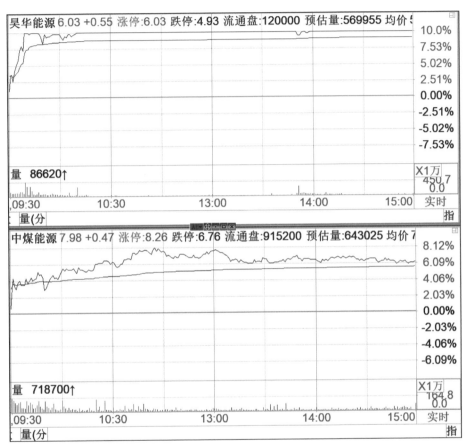

▲ 圖 1-21　昊華能源與中煤能源 2021 年 7 月 16 日走勢

　　如圖 1-22 中，航發動力在上漲過程中，分時線的波動非常順暢。且從開盤到漲停僅花一個多小時，上漲的力度較大、整理的幅度都很小、均價線的支撐作用也很明顯，這種上漲型態往往是飆股所獨有的。航新科技在盤中雖然出現連續性的上漲走勢，但是在上漲過程中，分時線的波動型態比航發動力複雜，分時線磕磕絆絆地曲折向上，這種走勢就是標準的跟風上漲型態。兩者的分時線相互一比較，誰的走勢更加順滑是非常明顯的。

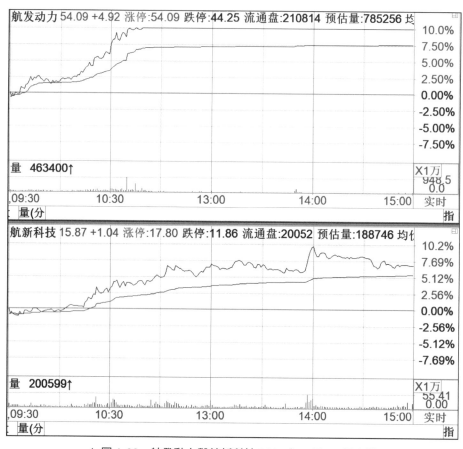

▲ 圖 1-22　航發動力與航新科技 2021 年 7 月 16 日走勢

　　正是受到了航發動力大幅上漲的影響，航新科技的股價隨之出現連續震盪上漲行情。如果航發動力上漲力度很弱，又怎麼可能帶動航新科技上漲呢？所以，飆股起漲以後，如果同板塊中的個股紛紛跟風起漲，那麼發揮領漲作用的飆股，便可以為投資人帶來極好的獲利機會。

　　圖 1-23 中，雲天化的股價在盤中出現漲停的走勢，這是當天化肥板塊中唯一封死漲停板的股票，僅憑這一點就足以說明該股具備飆股的特徵。

　　一支個股一旦形成強勢上漲走勢，就必然會對同板塊其他個股產生領漲作用。那麼，雲天化的領漲作用到底表現在哪呢？在雲天化開盤上漲時，六國化工隨之展開了上漲走勢，對比兩檔股票的上漲力度，可以明顯看到飆股與跟風股的不同。當雲天化的股價在上漲中途出現整理時，六國化工也隨之出現整理，說明飆股不僅可以對同板塊中的個股產生領漲作用，也可以對同板塊的個股有整理回落的影響。

　　在雲天化徹底封死漲停時，更是帶動六國化工形成創下新高的上漲走勢。從時間上來講，雲天化的上漲在先，六國化工的上漲在後，六國化工的

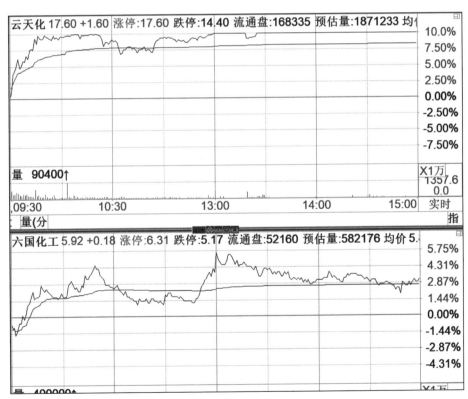

▲ 圖 1-23　雲天化與六國化工 2021 年 7 月 16 日走勢

漲跌始終受到雲天化的影響,這就是典型的飆股領漲特徵。

圖 1-24 中,招商銀行在盤中形成大幅度上漲行情。經由分析招商銀行的 K 線型態以及成交量變化,可以輕鬆確定招商銀行在銀行板塊中的龍頭地位。當一支個股具備飆股的技術特徵以後,必然會具備飆股的領漲特徵。

招商銀行初期上漲的過程中,民生銀行也隨之出現一波短線快速上漲的走勢。因為兩檔股票同時短線快速上漲,所以此時還無法判斷出誰才是真正的飆股。但是,隨後兩者的走勢非常明顯,可以讓投資人一眼就看出誰才是真正的飆股。

▲ 圖 1-24　招商銀行與民生銀行 2020 年 1 月至 2021 年 7 月走勢

　　當招商銀行出現整理走勢時，民生銀行的股價也隨之回落。但是，當招商銀行的股價於 2020 年 9 月形成低點抬高的走勢時，民生銀行的股價卻創下新低。至此，誰強誰弱、誰具有飆股的技術特徵，便可以一眼做出判斷了。在隨後的上漲行情中，招商銀行上漲，民生銀行反彈。招商銀行上漲之後形成低點抬高的整理，而民生銀行則是反彈結束後繼續創下新低。由此可見與跟風股相比，飆股不僅賺的錢多，股價上漲後的風險也更低。

　　經由上文案例的講解，相信大家已經看出，圖 1-25 中青島啤酒的飆股特徵非常明顯。既然它的身份已定，就必然會對同板塊中的其他個股產生領漲作用。

　　青島啤酒形成上升趨勢時，燕京啤酒還沒有擺脫底部震盪的走勢，從上漲的先後順序來看，青島啤酒的領漲作用非常明顯。在青島啤酒不斷上漲的過程中，燕京啤酒受到帶動呈上漲趨勢；一旦青島啤酒出現短線小幅度整理走勢，燕京啤酒就會同步形成整理，而且整理時間更長、幅度更深，股價震盪的幅度也比青島啤酒大很多。

　　進入 2021 年，在大整理結束後，青島啤酒的股價再次向上創出新高，但燕京啤酒的股價卻沒有再創新高。青島啤酒雖然有領漲的作用，但無法帶動燕京啤酒創出新高，只能在短線形成一小波行情而已。

　　持有飆股雖然會碰到股價深幅整理，但是飆股擁有整理結束再創新高的能力，而弱勢跟風個股很難隨之繼續向上，甚至會就此轉入下跌通道。飆股漲得再多，安全性也比弱勢跟風個股更高，因為弱勢跟風個股在上漲時漲得少，在下跌時先於飆股開始下跌。

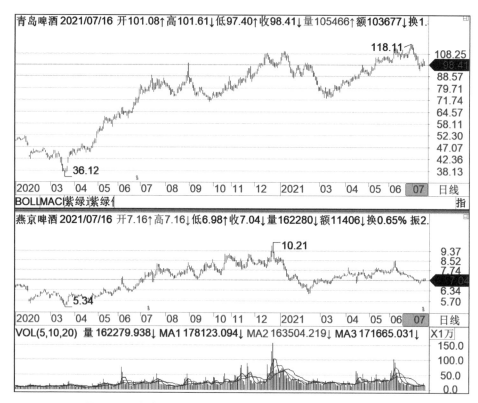

▲ 圖 1-25　青島啤酒與燕京啤酒 2020 年 1 月至 2021 年 7 月走勢

1-6

新飆股特徵：連續一字板漲停時，成交量也連續放大

　　股價波動時，正常情況下主力資金都有一個在底部連續建倉的過程，股價從見底到上漲會有一系列波動痕跡。投資人經由分析股價的波動痕跡，可以很輕鬆地判斷出誰是飆股。

　　但是，新上市的股票卻與這些「老」股票有很大的差別。新股的股價很少會有長時間底部震盪的過程，有的進入正常波動期後股價便快速上漲，且飆股的特徵非常明顯。那麼，它們有哪些與眾不同的特徵呢？

1. 當股票上市至連續一字板漲停時，成交量連續放大，說明資金操作積極性很高。
2. 上市以後股價快速展開上漲的走勢，連續的陽線說明資金做多積極性很高。
3. 上市後股價可能出現整理，但是巨量盤中有正常連續波動、不再形成一字板漲停走勢的那根 K 線，會對股價的整理低點有強大的支撐作用，這是弱勢個股不具備的特徵。

　　新股只要上市以後具備上述特徵，就會在後期帶動其他同期上市的新股，或是同行業中的個股，展開整體上漲的走勢。

　　如圖 1-26，湘佳股份上市後出現一輪大幅上漲走勢，受到此股帶動，同期不少新股紛紛出現跟風上漲走勢。由於其他個股上漲的時間落後於湘佳股份，因此完全可以將該股視為新股中的飆股。

　　在實戰操作中，一支新股只有形成了強勢上漲走勢後，投資人才能發覺其龍頭特徵。那麼，在股價上漲的初期，該如何判斷這支新股有沒有上漲的潛力呢？我們可以看到，該股在上市後量價的配合具有以下特徵。

1. 上市後成交量高度活躍，說明看好該股的資金非常多，資金大量湧入會對股價的上漲有強大促進作用。

2. 股價不再封一字板漲停後，快速出現延續上漲行情，說明資金做多的願望強烈，獲利的迫切性較高。

▲ 圖 1-26　湘佳股份 2020 年 5 月走勢

3. 上市後，股價波動重心直接位於第一根有正常波動的 K 線上方，主
　 力資金借助巨量資金建好倉後，便快速拉抬股價，這是發動行情的
　 明顯訊號。

　　找到資金明顯建倉的訊號，就等於找到股價後期必然上漲的訊號。介
入的資金數量越多，股價在後期上漲的幅度會越大，就越有可能成為當前新
股中的飆股。

　　圖 1-27 中，博遷新材上市以後，股價略經震盪便在後期展開一輪長時
間的上漲行情。上漲時間延長對應的是股價上漲幅度加大，這麼大的漲幅絕
對不是跟風股能有的。受到該股強勢上漲的影響，同板塊個股以及當時新近
上市的個股，在同期紛紛跟風上漲，領漲作用確定其飆股地位。

▲ 圖 1-27　博遷新材 2020 年 12 月走勢

但股價強勢上漲是後來的事情，在博遷新材剛上市時，投資人有提前做出判斷方法嗎？答案是肯定的。一檔股票上漲必然與資金介入有關，只要投資人分析成交量變化，便可以準確判斷股價未來上漲的訊號，以及成為飆股的可能性。在該股上市以後，量價配合形成如下表現。

1. 一字板漲停終止後，股價整體波動重心穩步向上，說明主力資金不想讓價格跌下來，給場外資金低價介入的機會。
2. 股價在上漲時，成交量始終保持著放大跡象，說明入場資金非常多，資金的大量介入是股價持續上漲的根本原因。
3. 股價雖然在初期上漲結束後出現整理走勢，但一字板漲停後有正常波動的首根 K 線，對股價的回落具有強大支撐作用。

無論是上市後的上漲走勢，還是後期出現的整理走勢，都明顯非常強勢，只有飆股才能在上漲與下跌時始終保持強勢特徵。所以，只要分析上市後的細節，找到新股中的飆股就不是太難的事情。

圖 1-28 中，立高食品在上市後，股價出現強勢上漲的勢頭。在該股的帶動下，同板塊個股紛紛連續上漲。一檔股票領頭其他股票跟風，這就是標準的飆股領漲現象，因此其飆股的身份是非常明確的。

為什麼其他新上市的股票，不能像立高食品那樣強勢上漲呢？這是因為該股自上市以來，具有以下強勢特徵。

1. 上市首日收出一根較大實體的陽線，說明資金在這一天拉高建倉的態度積極。
2. 上市後股價便連續上漲，接連出現的陽線配合著始終活躍的成交量，說明資金非常願意花高價買入股票。主流資金的持倉成本越高，股價未來上漲的空間就越大。

▲ 圖 1-28　立高食品 2021 年 4 月走勢

3. 股票上市後沒有出現連續整理的走勢，說明主力做多心切，不想讓
　　股價在低位停留太久。

　　上市後股價連續波動的位置，都在第一天的 K 線之上，說明此區間就
是主力資金的建倉區間。主力不想給場外比自己更好的買進機會，因此股價
才會不斷在首根 K 線上方上行。一支新股想要在後期成為飆股，這是一個
必要條件！

　　圖 1-29 中，愛美客上市後長時間且大幅度上漲，確立其飆股身份，該
股的明顯強勢特徵如下。

1. 股價在上市後便快速上漲，主力資金不讓股價在低位做過多停留。
　　上市後股價上漲越快，說明主力資金的操作越急切。

▲ 圖 1-29　愛美客 2020 年 10 月走勢

2. 上市首日的成交量非常活躍，說明主力資金在盤中建倉的力度很大。
   主力資金的建倉力度越大，就越能夠促使股價在後期長時間、大幅
   度上漲。

3. 上漲至中途時股價出現整理走勢，但整理的低點距離首日 K 線非常
   遠，說明主流資金不想讓股價出現真正的下跌走勢。如果主力資金
   控盤時不想讓股價跌，那麼股價就會老老實實地漲上去。

4. 股價主要的上漲過程中，成交量始終沒有明顯放大，說明資金持倉
   心態非常穩定，同時也從側面反映主力資金持倉量的巨大。

　　只要有明顯的主流資金介入，股價就不可能形成弱勢特徵。強勢特徵
越明顯，越會促使股價在後期上漲。只要找到一支新股的強勢特徵，再配合
成交量的性質進行分析，投資人就可以輕鬆掌握獲利的機會。

▲ 圖 1-30　玉禾田 2020 年 2 月走勢

　　圖 1-30 中，玉禾田是 2020 年 2 月一支表現很不錯的新飆股，受到該股強勢上漲帶動，同期許多新上市的股票出現強勢上漲的走勢。為什麼只有該股上漲幅度如此大，而其他個股只能跟風呢？這是因為該股上市後強勢特徵明顯，且成交量的變化也向投資人透露出股價後期會大幅上漲。其強勢特徵有以下幾點表現。

1. 上市後一字板漲停結束，股價開始正常波動時，雖然收出陰線且帶有較長的下影線，但結合後期走勢來看，盤中的下跌其實只是主力資金借低點大規模建倉，後期因為買盤過多又收復失地。只要有主力資金在場上積極運作，股價在後期自然會有好的表現。

2. 一字板漲停結束，股價進入正常波動後便連續上漲，且陽線實體始終比陰線實體大，說明資金在盤中做多的態度非常堅決。

3. 上市後成交量始終保持著較活躍的狀態，參與該股操作的資金數量眾多，大量資金湧入為股價上漲提供足夠的動力。

　　促使新股快速上漲的資金，必然已經在上市首日完成大部分建倉，因為在打開一字板漲停後的第一波正常波動，其成交量往往非常大，想要建倉非常容易。鉅資的介入不僅體現在上漲走勢上，還反映在成交量的變化上。

　　因此，投資人只要深入分析量價的配合情況，看透 K 線波動背後資金運作的實質，就可以輕鬆捕捉新飆股上漲帶來的獲利機會。主力建倉後會允許其他資金的買入成本比自己還低嗎？顯然不允許。因此，股價必然會在正常波動後的首根 K 線上方運行。僅憑這一點，就足以區分出哪些新股會在後期下跌，哪些新股會在後期成為飆股。

專家心法

新股的股價很少會有長時間底部震盪的過程，有的進入正常波動期後股價便快速上漲，且飆股的特徵非常明顯。

1-7
飆股與指數波動
有這 5 種關係

飆股對同板塊中的個股上漲與下跌，均有引領性作用，因此對指數的波動也有較大影響。飆股對指數的影響主要表現如下。

1. 在飆股見底的情況下，基本上指數也會在這一時期形成底部。
2. 在飆股上漲的情況下，指數也會隨之連續上漲。
3. 在飆股整理的情況下，指數也會進行相應的整理。
4. 在飆股形成頂部時，指數也會於近期形成頂部。
5. 在飆股展開下跌走勢時，指數往往也會隨之走弱。

瞭解飆股與指數的關係，對投資人來說非常有幫助。當投資人無法判斷指數波動未來方向時，只要看一下飆股的波動性質就可以了，只要飆股沒有見頂，指數也必然不會見頂。

圖 1-31 中，山西汾酒自 2019 年開始出現一輪持續上漲的行情，而此時期許多白酒類個股紛紛上漲，形成整體抱團的態勢，這意味有大量資金湧入該板塊。因此，這一板塊的漲跌必然會對指數的漲跌產生較大影響。

從 2019 年開始，山西汾酒的股價不斷上漲，而與之相對的上證指數也保持整體向上的態勢。雖然上證指數於 2019 年 4 月至 2020 年 4 月，在為期

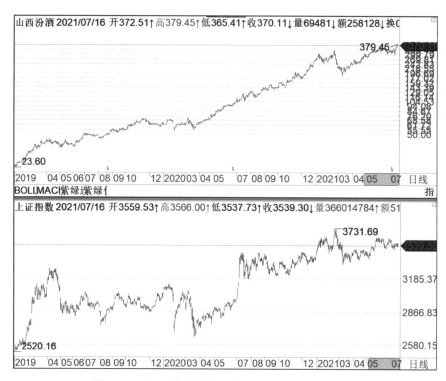

▲ 圖 1-31　山西汾酒與上證指數 2019 年至 2021 年走勢

一年的時間裡形成寬幅震盪走勢，但由於該股以及其他白酒類個股均沒有見頂的跡象，因此可以判斷指數繼續走高的可能性非常大。如果指數要走弱，那麼聚集在白酒板塊的資金，為何不離場迴避風險呢？

從圖中來看，山西汾酒只要不見頂，指數便會繼續漲；而山西汾酒整理時，指數會同步整理。兩者一漲一跌十分合拍，但山西汾酒的走勢又明顯強於指數。山西汾酒既與指數聯動良好，又比指數強勢，從而漲跌各個環節都對指數的波動產生影響。

寧德時代是從 2019 年開始上漲的一支飆股。在它的帶動下，盤中許多智慧車以及電池類個股紛紛大幅上漲。寧德時代的成交額是這個板塊中最大

的，在指數中的權重比較大，因此完全符合飆股的特徵。又因為其上漲週期非常長，所以可以稱為「中線飆股」。

飆股的地位一旦確立，投資人就要意識到，它的波動將會對指數的波動產生明顯影響。從圖 1-32 中可以看到，當寧德時代形成重要整理底部時，指數也在同期進入底部區間；當寧德時代展開上漲行情時，指數也隨之形成持續上漲的行情；當寧德時代形成了局部頂部區間時，指數在後期的上漲力度也越來越弱。可見指數的波動與寧德時代的波動關係非常密切。

因為寧德時代有能力帶動整體板塊中的個股展開上漲行情，可以帶動其他相關個股共同上漲，形成做多的合力，所以必然會對指數產生強大影響。

▲ 圖 1-32　寧德時代與創業板綜指 2019 年 9 月至 2021 年 7 月走勢

投資人只要分析飆股的波動性質，就可以知道指數當前的波動性質。

富滿電子是 2021 年上半年的一支飆股，在它的帶動下，同板塊個股均出現不同程度的上漲。由於該股上漲力度非常大，並且對同板塊中其他個股的帶動作用非常明顯，因此說它是飆股完全是正確的。

一檔股票一旦具備龍頭特徵，它的波動必然會對指數的波動產生很大影響。從圖 1-33 中可以看到，該股從底部緩慢爬升期間，指數也完成最後一跌。在該股初期上漲過程中，指數也隨之出現震盪上漲走勢。當該股形成了主升段走勢時，指數也隨之連續收出大陽線，開始一輪大漲的行情。富滿電子這支飆股的見底與上漲，都對指數的波動有促進作用。

▲ 圖 1-33　富滿電子與創業板綜指 2020 年 12 月至 2021 年 7 月走勢

　　操作富滿電子的資金不一定是鉅資，但該股的同板塊以及相關板塊的個股資金匯總起來，就是一筆龐大的資金。如此大規模資金的進出操作，必然會對指數產生很大的影響。盯著飆股判斷指數的行情，其實就是借飆股的波動判斷主力資金的動向。主力資金入場則行情起，主流資金離場則行情止。

　　奧園美谷是 2020 年 10 月以後行情中的一支飆股，它的上漲對同板塊中的其他個股產生絕對的領漲作用。領漲是唯有飆股才有的特徵之一，遠比上漲型態的強勢更重要，力度大並不一定是飆股，但有領漲作用的可以直接被判定為飆股。

　　圖 1-34 中，奧園美谷形成明確的底部開始上漲時，指數隨之形成震盪

▲ 圖 1-34　奧園美谷與深證成指 2020 年 9 月至 2021 年 7 月走勢

上行、低點不斷抬高的技術型態。在該股明確上漲時，指數也隨之展開大力度的上漲行情。飆股的領漲作用以及對指數上漲的促進作用非常明顯，當該股形成局部頂部開始整理時，指數隨之停止上漲同步整理。由此可見，飆股不僅對指數有領漲作用，局部的見頂與下跌，也可以對指數的波動產生影響。

當投資人發現指數跟隨飆股共同漲跌時，指數同期的波動性就很容易判斷了。只要飆股沒有形成頂部、資金沒有離場，指數就必然會繼續上漲；而當飆股下跌時，指數也很難形成強勁的上漲行情。

遠興能源在圖 1-35 中，形成一輪持續震盪上漲的行情，該股股價上漲

▲ 圖 1-35　遠興能源與深證成指 2020 年 9 月至 2021 年 7 月走勢

時，同期市場中只要帶有「能源」二字的股票都會跟風上漲，可見遠興能源領漲作用的突出。

遠興能源這支飆股帶動能源類個股的全域上漲，從而介入該板塊的巨量資金形成一種合力。在這種合力的促進下，該板塊的波動必然會對指數的同期波動產生重要影響。從圖中可以看到，該股始終保持上漲狀態時，指數保持震盪上漲的走勢；當形成整理並展開短線下跌時，指數同步形成了更大力度的整理。

飆股是一輪行情爆發的導火索，是盤中絕對主力資金運作的結果，這批資金必然會對其他資金產生引導作用。當主力資金做多時，其他跟風資金必然會緊隨其後做多股價；當主力資金離場時，其他資金必然會隨之離場。

資金整體性的進出自然會對指數波動產生影響，在具體操作與分析時，只要盯緊這些飆股，就能夠知道巨量資金的進出意圖，從而直接推導出指數當前最有可能的波動趨勢，這將會使結論更加貼合市場的真實波動。

專家心法

當投資人無法判斷指數波動未來方向時，只要看一下飆股的波動性質就可以了，只要飆股沒有見頂，指數也必然不會見頂。

第 2 章

股票回檔量縮時，
我該如何買到相對低點？

2-1
「K 線修復」形成時，
投資人應耐心等待

　　K 線是價格波動過程中最簡潔的盤面語言，分析 K 線型態是每位投資人必須進行的工作之一。可以經由陽線和陰線的數量，對比出多空力量的大小；也可以經由陽線 K 線與陰線 K 線實體的大小，判斷出多空力量的變化；還可以經由一根根 K 線連續形成的各種技術型態，判斷出未來價格上漲或下跌的可能性。更重要的是，經由分析 K 線型態，還可以精準掌握股價上漲前的買入時機。

　　股價在上漲過程中，總會收出整理的陰線走勢。有些陰線出現以後，股價會陷入長時間的弱勢波動狀態；但有些股票收出陰線以後，股價卻可以更加強勁地上漲，給投資人帶來獲利的機會。那麼，什麼樣的整理走勢出現以後，股價可能快速上漲呢？

　　只要在整理的區間內，K 線圖形成 K 線修復的走勢，股價後期上漲的機率就是極大的。所謂 K 線修復，是指在大的上升趨勢形成過程中，股價出現整理的走勢（此時的整理可以是一根陰線或多根陰線）。而整理結束後，股價快速收出一根實體極大的陽線，一舉覆蓋整理的整個區間。

　　如圖 2-1 中，中環股份經過一段時間的震盪後，在成交量再次連續放大的情況下，出現一輪持續性的上漲走勢。隨著股價越來越高，盤中必然會附帶很多短線獲利盤。一旦這些獲利資金在某個位置集體賣出，就很容易使股

▲ 圖 2-1　中環股份 2021 年 7 月走勢

價收出整理陰線。

　　很多短線投資人遇到股價上漲中途連續出現幾根整理陰線的情況，總是手足無措，場外的投資人也往往不知道在股價整理時如何設置買點。面對這種走勢時，該以什麼思路做出操作決策呢？

　　如果盤中多方力度非常大，那麼整理走勢形成以後，股價必然會快速再度展開上攻走勢，因為多方不會允許空方長時間影響股價。可以看到，當這幾根整理陰線出現以後，股價快速收出一根大實體的陽線，這一根大實體的陽線覆蓋了整理陰線的所有區間，使上升趨勢進一步明確。正因為這一根大實體的陽線有恢復上升趨勢的作用，所以將這種走勢稱為「K線修復」。

　　一旦修復 K 線形成，場中持股的投資人一定要耐心地繼續持股，不能因為股價一時上漲而賣出手中的股票，因為陽線收復陰線的整理區間就是為

了後期更大力度的上漲。同時，場外的投資人也應在修復 K 線形成後及時
入場，只要買在修復 K 線出現時，後期實現獲利就是非常輕鬆的事情了。

圖 2-2 中，中科電氣的股價在初期上漲時，出現短線整理走勢。因為在
股價停止上漲時陰線的實體非常小，所以不會對投資人的操作造成干擾，即
使是在局部高點買進的投資人，也不用害怕如此小實體的陰線。因此，對於
這種整理幅度極小的走勢，在實戰操作時完全可以忽略。

股價上漲到中途再次出現整理走勢，特別是第二根陰線還有影響上升趨
勢的跡象，因為此時的成交量出現放大的跡象。這是資金震倉達到效果，還
是資金出貨了？在整理陰線出現的當下是很難判斷的。在上升趨勢不太明確
時，投資人一定要耐心等待，看看會不會出現修復 K 線。

整理 3 天後，股價快速收出一根實體較大的陽線，這一根大陽線覆蓋整

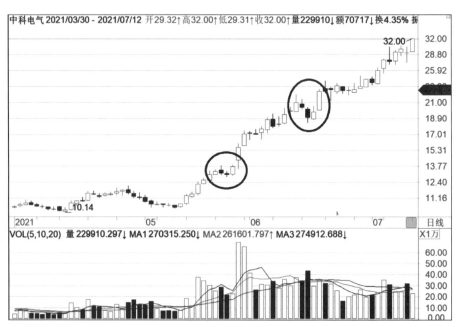

▲ 圖 2-2　中科電氣 2021 年 5 月至 7 月走勢

理陰線的整個區間。陽線的出現使股價當前的上升趨勢更加穩固，雖然陰線暫時影響上升趨勢，但是在陽線的促進作用下，上升趨勢得以保全。此時，投資人要意識到：修復 K 線已經形成，股價會在後期延續前期的上行趨勢。這時要做的就是積極在盤中買進股票，共同維護多方對股價的絕對控制。

圖2-3中，該股股價經過長時間的低位震盪後，受資金入場推動影響，出現一輪上漲行情。在 2021 年 5 月中旬股價上漲的途中，出現過一次整理走勢，整理走勢以連續小陽線的形式結束，沒有快速收出大陽線，證明此時的股價波動沒有形成 K 線修復的走勢。

2021 年 6 月股價突破新高後，又出現一次整理走勢。股價經過幾天的回落後，隨之出現一根帶量的大陽線。成交量的溫和放大，說明盤中資金開

▲ 圖 2-3　英飛特 2021 年 6 月至 7 月走勢

始積極建倉，大實體的陽線說明盤中資金做多的態度非常堅決，同時這一根大陽線明確收回了整個整理區間。這種技術走勢，說明 K 線修復走勢已經形成。

　　K 線修復走勢的形成，意味著整理徹底結束，新一輪的上漲行情將會就此展開，因此投資人應當在此時儘早入場建倉。從後期的走勢來看，修復 K 線出現的位置，是一次非常難得的介入機會。

　　圖 2-4 中該股股價見底後，形成震盪上漲走勢，在成交量放大的情況下，股價保持向上的走勢。明確的方向以及連續放大的量能，說明資金此時做多的積極性非常高。在這種情況下，投資人一定要積極介入。

　　股價再次突破震盪區間創出新高後，於 2021 年 7 月初又一次出現整理走勢。整理的主要原因是股價經過連續上漲，已經累積不少獲利盤，為了後

▲ 圖 2-4　上機數控 2021 年 11 月走勢

期能夠更加輕鬆地上漲，主力需要打壓股價以震倉洗盤，墊高一下市場的平均成本。經過連續一週的整理，股價再次發動上漲行情。

　　成交量放大說明資金再次展開積極操作，受到買盤大力度的推動，股價又一次出現較大的漲幅。大實體的陽線將這一次股價整理的區間全部吞沒，眼看上升趨勢就要被連續的整理陰線破壞，但隨著這一根大陽線的形成，上升趨勢得以保存。對看似將要出現問題的上升趨勢進行修復，使上升趨勢更加穩固，這就是修復 K 線的重要作用。

　　K 線修復走勢結束後，股價便出現短線連續上漲的走勢。只要在趨勢被修復的時刻買入，投資人便可以在後期上漲的過程中快速實現高獲利。

　　如圖 2-5，永太科技的股價下跌到底部後，在成交量溫和且連續放大的推動下，展開一輪持續性的上漲行情。從圖中可以看到，股價的上升趨勢非

▲ 圖 2-5　永太科技 2021 年 6 月走勢

常明確。對於這種上漲型態非常單一的走勢，投資人一定要積極在盤中進行做多操作。型態越單一，股價的漲幅往往越大。

雖然股價的上升趨勢非常明確，並不代表陽線會天天出現。任何股票在上漲的過程中都可能出現整理陰線，而波動性質健康的整理陰線出現以後，股價再次上漲的穩定性將非常強。

上漲中途，永太科技收出一根大陰線，股價短線上升的趨勢有被破壞的跡象，很多下跌行情的開頭都是這種放量的大陰線。但股價在小幅震盪兩天後，快速形成一根大幅高開漲停陽線，吞沒整理陰線的所有實體範圍。這意味著整理已經結束，上升趨勢將會在後期不斷延續。也正是 K 線修復走勢形成，使股價的上升趨勢變得異常明確。因此，當漲停陽線向上吞沒整理陰線時，投資人一定要積極地買入，即使在漲停板苦等也一定要掛單入場。

股價進行整理時，投資人可以不要求整理的週期。整理兩三天或是更久都可以，但是整理結束以後，一定要一根陽線就收復失地，使上升趨勢得以延續。如果股價不能以一根陽線吞沒整理區間，那麼股價在後期上漲的幅度與力度都將相應減小。修復過程越快，未來股價上漲的穩定性越強，入場操作的獲利往往越大。

2-2
「大陽托」出現之後，
必會出現連續上漲

　　投資人在實戰操作時，都希望找到走勢強勁的股票，因為只有這類股票才能給投資人帶來更多獲利。股價波動的強勢，除了表現在與指數的對比，還可以表現在日 K 線圖中。有一種 K 線型態叫作「大陽托」，一旦股價在波動時形成了如此的走勢，必然會在後期出現連續的上漲行情。

　　大陽托的技術特徵為：股價收出一根意義重大的大陽線，這根大陽線要麼突破了重要的壓力位，要麼是在近期上漲過程中第一根漲停的大陽線，或是具有其他重要意義的大陽線。

　　在這根意義重大的大陽線出現以後，股價隨之產生整理走勢，但整理的低點始終位於這根大陽線收盤價的上方，大陽線對後期的整理具有強大支撐作用。只要股價的波動滿足這種技術特徵，股價未來繼續上漲的可能性就非常大。

　　只有主力資金才能推出大實體的陽線，而後為了多賺取收益，主力資金又一直「托」著股價，阻止股價下跌。

　　圖 2-6 中，國軒高科低位震盪一番後，便展開連續上漲的走勢。在上一個整理高點，受成交量放大的推動，股價收出一根漲停大陽線。這根漲停大陽線是上漲途中實體最大的陽線，並且位於剛剛創新高的點位，因此可以說這是一根具有重要意義的陽線。

▲ 圖2-6　國軒高科2021年6月至7月走勢

　　漲停大陽線出現後，主力資金並沒有急於讓股價展開連續上漲的行情，而是壓制著股價，使之形成震盪的走勢。漲停大陽線的出現為場中投資人帶來短線的高獲利，一旦整理走勢出現，必然會有投資人賣出，主力資金借助整理走勢順利達到震倉目的。

　　股價雖然暫時停止上漲，但此時的整理並不是為了下跌，而是為了上漲。否則股價波動時的低點，為何始終沒有跌破漲停大陽線的收盤價？漲停大陽線對股價後期的震盪走勢，具有強大的支撐作用，這種走勢就被稱為「大陽托」。

　　從日K線圖來看，漲停大陽線對後期股價的波動具有強大的支撐作用，其背後的含義是：有主流資金在維持著股價，一旦整理走勢結束，必然會展

開一輪更加強勁的上漲行情。

　　圖 2-7 中，石大勝華經過一段時間的整理後，再度展開一波連續的上漲走勢，經過一番震盪上漲，於 2021 年 5 月中旬創出新高。但新高剛出現，股價便形成整理的走勢，我們該如何解讀這樣的走勢呢？

　　股價向上突破時我們可以看到，一根漲停大陽線隨之出現。這根大陽線有力地向上突破前期的高點壓力，讓之前所有入場的投資人都處於獲利狀態。如果有大量資金借機出貨，那麼成交量應當急劇放大，但此時的成交量非常溫和，說明主力資金根本沒有在此處進行出貨操作。如果主力資金不出貨，那麼就意味著股價還要繼續上漲！

　　突破新高的大陽線出現後，雖然股價短線形成整理走勢，但是整理的

▲ 圖 2-7　石大勝華 2021 年 5 月走勢

低點始終受到大陽線收盤價的強大支撐，這根大陽線穩穩托起股價的波動重心。一旦大陽托走勢形成，投資人就要特別關注該股。股價強勢橫盤不跌是一種典型的蓄勢行為，在短線整理充分以後，上漲行情必將延續下去。

圖 2-8 中，富滿電子的股價受成交量放大的推動，在 2021 年 6 月初收出一根漲停大陽線。投資人要重視上漲過程中每一根漲停大陽線，因為如果沒有主力資金的積極維護，僅靠一般投資人的力量很難收出漲停大陽線，所以漲停大陽線的出現意味著主力的現身。

漲停大陽線出現後，股價並沒有快速展開上漲走勢，而是形成短線整理走勢。雖然股價每天在盤中均有下探的動作，但是從圖中可以看到，整理區間股價下探的低點，始終沒有跌破漲停大陽線的支撐，說明漲停大陽線對後期股價的波動具有強大支撐作用，而這種 K 線型態正是大陽托的標準走勢。

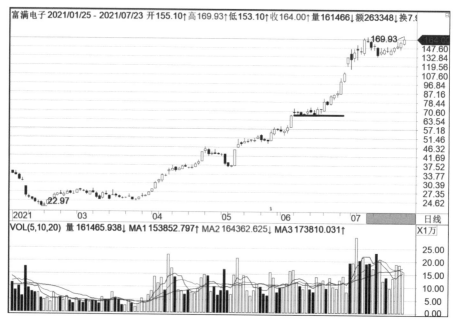

▲ 圖 2-8　富滿電子 2021 年 6 月走勢

　　股價的支撐作用並不僅僅是阻止下跌，更重要的是促使股價在後期展開更強勁的上漲。在後期上漲過程中可以看到，正是因為漲停大陽線的支撐作用十分明顯，股價才有能力在後期連續收出大陽線。

　　圖 2-9 中，五礦稀土在股價下跌結束後，在低位震盪區間收出一根放量大陽線。這根大陽線具有重要意義嗎？投資人面對底部區間的大陽線應如何分析？

　　大陽線的重要意義，不僅僅在於能否支撐股價不突破重要的壓力位。如果一根大陽線的出現可以扭轉股價的下降趨勢，或是將底部的震盪區間牢牢守住，就算它沒有突破前期高點的壓力，也是有重要意義的。

　　同時，在五礦稀土底部大陽線出現時，成交量出現明確的放大跡象，說明主力資金在這一天仍然在積極地建倉。有了主力資金的介入，並且大陽

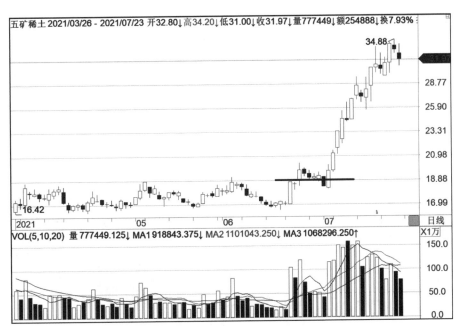

▲ 圖 2-9　五礦稀土 2021 年 7 月走勢

線封住下降趨勢，投資人是不是應當積極地關注這支個股呢？

低位漲停大陽線出現後，股價形成短線整理的走勢，從整理區間的走勢來看，低點得到漲停大陽線的支撐，大陽線收盤價處托住價格的回落，這種走勢就是大陽托技術型態。那麼，大陽線為什麼要托住股價呢？

自然是因為其中的主力資金，想要推高股價以獲得收益。大陽線的出現說明主力資金現身，大陽線能發揮支撐作用，主力投入的真金白銀起了作用。在這種情況下，股價上漲的機率自然非常大。

圖 2-10 中，瑞芯微的大陽線並沒有出現在上漲初期，甚至連中期都算不上。2021 年 6 月上旬，股價在高位再次漲停，此外這一天的成交量也最大。巨量大陽線，是不是意味著主力資金要借火熱的氣氛出貨了呢？可以這樣懷疑，但不能得出這樣的結論。

▲ 圖 2-10　瑞芯微 2021 年 6 月至 7 月走勢

如果主力資金確實是在出貨，那麼股價後期就會出現下跌的走勢，這根大陽線不可能具有任何支撐作用。因為此時的放量不是主力資金的建倉量，而是出貨量。既然沒有支撐作用，那麼股價就會跌破這根大陽線，這是站在主力資金出貨的角度得出的結論。

如果主力資金在這個位置沒有出貨，或是暫時還不想出貨，股價又該如何波動呢？既然沒有到頂部，那麼股價就會繼續上漲。既然要上漲，就不能讓場外資金有很好的低點買入機會，因此股價此時不會跌太多。

從圖中的走勢來看，股價在這一區間雖然持續整理，但整理的低點始終沒有跌破大陽線的收盤價，形成了標準的大陽托走勢。

只要投資人發現股價在波動的過程中形成大陽托的走勢，就要特別留意。因為如果沒有主力資金細心維護，股價在大幅上漲後，面對眾多短線賣盤，就不可能維持強勢橫盤的走勢。而主力維持股價並不是為了防止股價下跌，而是為了後期更能延續當前的上漲行情，因此大陽托區間必定存在好的交易機會。當然，也需要意識到一點，低位形成的大陽托獲利，一定比高位形成的多，畢竟位置越理想股價上漲空間就越大。

2-3

「至尊陽線」出現時，
可不計成本追漲

很多投資人短線操作時，都喜歡在大陽線上追漲，這是因為大陽線的形成往往標誌著多方力量遠大於空方力量，在多方可以絕對控制股價波動方向時，投資人是沒有理由不順勢而為的。雖然說追漲陽線沒有錯，但是在實戰時要意識到，並不是什麼樣的陽線都可以進行追漲操作。面對出貨大陽線，投資人如果操作了錯誤的追漲，就很容易產生虧損。

這一節將為讀者介紹一種獲利穩定性最強的、可以進行追漲操作的陽線──至尊陽線。只要在股價波動的過程中見到至尊陽線，就可以不計成本地追漲，因為一旦至尊陽線出現，股價在後期連續上漲的機率極大。

至尊陽線一般會出現在兩個位置：股價底部區間與上漲中途。在底部區間出現至尊陽線，不僅標誌著底部已經明確成立，還表示一輪連續上漲的行情會就此展開；在上漲中途出現至尊陽線，表示股價已經進入主升段階段，投資人想要實現獲利最大化，一定要積極追漲。

圖 2-11 中，華宏科技股價在見底後先出現一輪短線上漲的行情，而後整理到來，股價在短線出現一定幅度的下跌。在這一波動過程中，成交量在低點區間出現明顯的放大和萎縮，說明有資金開始入場建倉，這時就要密切留意，因為價格隨時有可能上漲。

在短線整理到位、股價止跌後，突然收出一根漲停大陽線，這根漲停

▲ 圖 2-11　華宏科技 2021 年 2 月 22 日走勢

大陽線有強烈的向上趨勢。如果主力資金沒有做好做多的準備，就不能迅猛地推動股價上漲。這根漲停大陽線的出現，提醒投資人底部已經形成，即使這一天股價已經漲停，相對於後期的行情而言，此漲停也僅僅是上漲行情的開始而已。

　　漲停走勢出現時成交量並沒有明確放大，而是出現縮量式上漲。股價大幅上漲而成交量並沒有放大，就是至尊陽線最明顯的技術特徵。為什麼沒有大量資金積極地推動，股價還可以大幅上漲呢？這是因為主力資金已經擁有絕對的控制能力，為了防止在底部出現大量跟風盤，只好用較少的資金快速發動上漲行情。

　　一旦股價快速漲停，投資人再想買入，就只能在更高的位置上操作，如

此會與主力資金的持倉成本拉開很大的距離，使主力資金擁有更大的主動性。

圖 2-12 中，科力爾的股價在第一次見底時，收出一根至尊陽線，但是由於主力資金沒有完成大量建倉操作，因此股價後期的漲幅並不是很大。經過長時間的震盪後，主力資金才開始大力度地上攻。

主升段形成並且在第二次整理後，再次出現至尊陽線。從圖中可以看到，在第二個箭頭處漲停板出現時，成交量依然沒有明顯放大。為什麼股價大幅上漲而成交量不必放大呢？這是因為至尊陽線對應的區間，並不是主力資金想要出貨的區間。在上漲途中主力資金具有絕對的控制能力，只要主力資金不大量出貨，一般投資人的操作就很難使成交量放大。

▲ 圖 2-12　科力爾 2021 年 2 月 8 日走勢

如果主力資金沒有出貨且收出大陽線的區間不是頂部，那麼繼續大膽持倉就可以了。此時的至尊陽線提示投資人，主力資金已經擁有高度控盤能力。操作這樣一支主力持倉量較大的股票，怎麼可能不取得較大的獲利呢？

圖 2-13 中，新綸科技的股價在形成底部之前，出現一段時間的弱勢下跌走勢。很多時候主力資金會借助股價緩慢的下跌，悄然進行建倉，因為很多投資人看到股價長時間不漲，就會失去持股的耐心和信心。

經過連續的震盪下跌後，新綸科技的股價終於出現一輪快速上漲走勢。在低點區間，股價快速收出一根漲停大陽線，說明盤中資金做多的意圖非常明顯且強烈。而能夠促使股價漲停的只有主力，主力資金願意做多就意味著底部已經明確形成。

▲ 圖 2-13　新綸科技 2021 年 5 月 25 日走勢

　　這根大陽線形成時，成交量並沒有放大，這種量價配合符合至尊陽線的技術特徵。一旦至尊陽線出現，股價在後期必然會大幅度上漲。這是因為，不管此時主力是否已經建好倉，還是剛開始準備建倉，都說明此區間根本不是頂部。既然不是頂部，主力資金又現身其中，就意味著後期會出現較大的上漲行情，只有這樣主力資金才可以順利地實現獲利。所以，不管是在上漲中期還是低位，只要出現至尊陽線，都值得投資人積極追漲。

　　圖 2-14 中，新時達的股價形成底部以後，在成交量溫和放大的推動下，出現震盪上漲的走勢。此時的上漲是因為主力資金在建倉，主力資金為了買到更多的股票以及盡可能降低持倉成本，只能壓著股價緩慢上行。

　　那麼，出現什麼樣的技術特徵，表示主力資金已經完成建倉的操作呢？

▲ 圖 2-14　新時達 2021 年 5 月 10 日走勢

投資人需要等待大陽線的出現，一旦大陽線出現就表示主力資金要大力度拉抬股價了，如果主力資金沒有完成建倉操作，是絕不會輕易推高股價的。

　　從圖中可以看到在短線整理完畢後，一根大陽線有力地向上吞掉數根整理陰線的實體，並且在大陽線出現時，成交量根本沒有明確放大。這種無量大陽線，進一步向投資人反映主力資金的持倉狀況。主力資金買下大量股票而沒有在股價創出新高時出貨，說明該區間根本不是頂部，股價必然會繼續上漲。

　　至尊陽線最明顯的技術特徵就是上漲時無量，成交量沒有放大說明這一天資金做多的數量並不多，如果主力資金沒有提前做好充足的準備，又怎麼有能力只用很少的資金就推動股價上漲呢？

　　圖 2-15 中，湘財股份的股價下跌到底部以後，突然爆發短線快速上漲的行情。在上漲過程中，K 線型態結構非常簡單，根本沒有給投資人留下好的低點介入的機會。面對這種短線快速上漲的行情，應如何第一時間發現機會呢？

　　股價一起漲便形成漲停大陽線，並且在第一根漲停大陽線出現時，成交量根本沒有放大。結合之前的下跌趨勢來看，完全沒有主力資金提前入場建倉的跡象。沒有主力資金建倉，股價卻快速上漲，主力資金有什麼意圖呢？

　　這根沒有放量的大陽線就是至尊陽線，不管它在什麼點位出現都值得積極追漲，特別是在低位出現時，在漲停板處排隊等待也是值得的。主力資金雖然之前沒有建倉，但這根至尊陽線反映出主力資金想採取高舉高打的方式進行操作。

　　一上來便使用幾根大陽線，一旦有大量被套的投資人解套賣出，主力資金就有快速建倉的好機會，從而邊拉高股價邊建倉，邊建倉邊推高股價吸引場外資金跟風，使各種資金形成一種上漲的合力。同時，在巨大成交量的掩護下，一旦主力資金想要出貨，就可以輕鬆地進行。

　　只要讀者多看一些底部出現至尊陽線的案例，就可以正確制訂後期的

▲ 圖 2-15　湘財股份 2021 年 5 月 14 日走勢

交易計畫。把握住股價會在後期出現短線上漲的大好行情，底部區間出現的至尊陽線，就是一輪大幅上漲行情的起點。

圖 2-16 中，賢豐控股的股價在成交量溫和放大的情況下，展開一輪震盪上行的行情。對於投資人而言，一旦形成明確的上升趨勢，上漲過程就處處是買入機會。那麼，對於這種不斷震盪向上的個股，應如何在上漲途中建倉呢？

只有確定股價上漲，且必然是連續上漲才可以買入，否則雖然股價上升趨勢確立，但一買入就碰上股價整理，短線操作就失敗了。因此，在上漲過程中，投資人需要不斷尋找那些出現至尊陽線的強勢個股。

圖中，賢豐控股在上漲過程中出現一次整理走勢，整理結束後快速收

▲ 圖 2-16　賢豐控股 2021 年 5 月 6 日走勢

出一根大實體的陽線，這根陽線吞沒了整理的整個區間，意味著新一輪的上漲行情即將開始。

　　同時股價上漲時，成交量根本沒有放大，這種量價配合完全符合至尊陽線的技術特徵，投資人在此時應當堅決入場進行操作。

　　經由量價配合可知，主力資金並沒有在這個區間出貨，否則漲停大陽線的成交量就會形成近期較大的量能。不放量的漲停大陽線若出現在股價整體漲幅不大的中途，便意味著大幅上漲的行情還在後面。

　　圖 2-17 中，青青稞酒的股價脫離底部後，在上漲中途出現一次整理走勢。雖然股價不漲讓很多投資人感覺走勢很弱，但此時的震盪可以為投資人明確提示機會的所在。

▲ 圖 2-17　青青稞酒 2021 年 5 月 11 日走勢

　　當股價橫盤震盪時，投資人可以將股價向上突破橫盤高點的位置作為買點。什麼時候股價在後期完成了突破，什麼時候就入場進行操作。整理結束後股價出現突破的走勢，隨著一根大實體陽線出現，買點也隨之到來。只要股價有明確向上突破的意向，投資人就要敢於建倉。

　　在這根漲停大陽線出現時，成交量並沒有明顯放大，說明前期被套的資金並沒有因為解套而賣出手中的股票。賣盤的減少意味著盤中主力持倉堅決，只要主力不賣，一般投資人怎麼交易也不會引發放量。

　　至尊陽線出現後，股價便展開連續上漲的走勢。由於股價漲幅不大，至尊陽線的出現一是說明主力持倉堅決，二則說明這個位置不是頂部區間。既然不是頂部區間，並且主力投資已經入場，那麼股價就還會繼續向上。

　　圖 2-18 中，妙可藍多的股價經過一大輪上漲行情後，受市場整體下跌影響，同步形成一次短線連續殺跌的走勢。由於在下跌過程中還帶有放量現象，因此很容易給投資人造成一種行情將會轉折向下的感覺。此時的走勢到底是上漲行情的結束，還是上升趨勢中一次正常的大整理呢？直到至尊陽線出現，形勢才變得明朗。

　　殺跌結束後股價在低位小幅度震盪，此時陽線的實體都很小，成交量也比較小，看不出價格有進一步上漲的跡象。經過一段時間的震盪後，突然收出一根漲停大陽線，上升趨勢隨之變得明朗起來。且在漲停大陽線出現時，成交量並沒有放大，這說明主力資金持倉非常堅決，並且持倉量很大。殺跌之後又大漲，同時沒有大量的賣盤湧現，這就是主力高度持倉的特徵。

▲ 圖 2-18　妙可藍多 2021 年 4 月 1 日走勢

在上漲中途一旦發現至尊陽線，投資人千萬不要畏懼股價高而不敢買入。要試想一下，主力有巨量的持倉，如果是出貨怎麼可能成交量如此小？既然主力沒有出貨，那還有什麼好怕的？

圖 2-19 中，中礦資源的股價上漲到中途時，出現一次較長時間的震盪行情。面對這種震盪走勢，很多投資人都覺得難以操作，既不跌，又不知道什麼時候才會漲。其實在股價整理時，除了主力以外，沒有人知道股價上漲的確切時間，投資人能做的就是耐心等待突破點位的到來。

經過近一個月的整理以後，股價終於收出一根漲停大陽線，有力地向上創下近期的新高，新高的出現說明主力將要再度拉抬股價。主力如果不是真的想拉抬股價，是絕不會輕易給投資人解套的機會的。

▲ 圖 2-19 中礦資源 2021 年 5 月 21 日走勢

　　當投資人處於解套並獲利的狀態時，成交量卻沒有明確放大，說明場中資金的持股心態非常堅定，同時也說明主力已經買下大量股票。只有這樣，成交量才可以在收出大陽線時保持萎縮狀態。

　　一旦無量大漲的至尊陽線買點形成，投資人就需要積極入場進行操作。在橫盤區間形成的至尊陽線，不僅意味整理結束，而且意味新一輪上漲行情的開始。在股價將要大力度向上時，有什麼理由不及時買入？

　　圖 2-20 中，天際股份的股價在見底後，便形成連續放量上漲的走勢，在股價上漲的中途成交量，保持著連續放大跡象，這說明主力資金建倉非常積極。越多資金入場建倉，未來股價上漲的空間越大。對於這種主力資金建倉連續且明顯的個股，投資人一定要盯住它們身上的各種買點，只要有標準

▲ 圖 2-20　天際股份 2021 年 5 月 28 日走勢

的買點出現，就要積極地介入。

在上漲途中，股價出現多次各種型態的買點訊號，尤其還出現一次至尊陽線的買點。股價在其他位置上漲時，成交量都配合著出現放大的跡象，但是中途在收出一根漲停大陽線時，成交量卻出現明顯的萎縮跡象。為什麼股價漲得越高越沒有人賣出呢？

這是因為主力已經買下絕大多數的股票，只要主力不賣出，成交量就無法放大。成交量的萎縮在上漲途中是好現象，因為它可以有效限制主力的出貨行為。在這種情況下，股價的上漲不就變得很安全了嗎？

一支個股不管在股價的底部區間，還是上漲中途出現至尊陽線，都代表這支個股有主力潛身其中。有主力介入的股票又有幾支會表現不好呢？這也是至尊陽線出現時應當積極買進的原因。無量限制了主力資金的出貨，不管是不想出，還是想出但沒機會出，只要是沒有出貨股價就不會形成頂部；既然此區間不是頂部，那股價就只有上漲這一條路了。

2-4

股價回檔時，「無量打壓建倉點」是最佳買點

當主力在低位完成建倉操作後，便會在後期不斷地推高股價以使投入的資金實現獲利。在股價上漲的過程中，為了擺脫那些低成本獲利盤的干擾，主力會不斷操作各種打壓震倉。已經買入的投資人自然不希望看到股價出現下跌走勢，但是對於場外的投資人而言，在主力人為打壓股價時，很可能就是一次好的買入機會。

當然，回落過程中不可能每次下跌都是買入機會，只有滿足條件的下跌才可以為投資人帶來獲利。在股價整理時，常使用的買點就是無量打壓建倉點。無量打壓建倉點，是指當股價形成大的上升趨勢後，在短線出現不破壞上升趨勢的下跌走勢，同時在股價下跌時，成交量出現明顯的萎縮跡象，等到萎縮至近期最小的程度時，投資人便可以建倉了。

圖 2-21 中，東富龍的股價在出現一個長時間的上漲走勢。股價上漲的週期越長，上漲途中出現的買點就越多。但隨著股價不斷提高，什麼樣的買點才最適合投資人建倉呢？

在股價上漲的過程中建倉，資金的安全性最重要。要確保資金的安全性，就要求買入的區間不是主力的出貨區間，只要主力不出貨，資金就不會有風險。同時，在股價上漲的過程中必然會有整理走勢，所以投資人可以等待股價整理以後再建倉。

▲ 圖 2-21　東富龍 2021 年 4 月走勢

　　當股價形成了大的上升趨勢後，一旦發現短線形成下跌走勢，就要分析成交量。如果在股價下跌過程中主力沒有出貨，成交量就不會放大，而沒有量能放大的回落低點，便可以成為投資人極好的短線建倉位。

　　如圖中，當東富龍的股價形成短線整理的走勢後，成交量出現快速萎縮的趨勢。主力資金怎麼可能在如此小的成交量中完成出貨呢？如果主力無法在當前區間出貨，就會繼續拉抬股價，因此無量打壓的區間，就成了場外投資人一次難得的順勢介入機會。

　　中毅達的股價在圖 2-22 中，出現長時間的上漲行情。在第一次整理結束後隨著成交量放大，股價恢復上升趨勢。一旦上升趨勢進一步明確，投資人就可以擇機入場進行做多操作。

▲ 圖 2-22　中毅達 2021 年 3 月走勢

　　那麼，該如何在上漲的中途入場呢？股價在上漲的過程中必然會出現
整理走勢，只要股價整理時的下跌不是頂部，投資人就可以在上漲的中途買
入。那麼，如何判斷股價整理時的下跌是不是頂部呢？此時就需要針對成交
量的變化分析了。

　　如果股價的下跌是頂部，必然會有大量資金在盤中進行出貨操作，就
會使成交量在高點處出現放大的跡象。但中毅達的股價在短線整理時，成交
量並沒有集中放大，說明沒有資金在盤中出貨。如果主力沒有在當前區間出
貨，就意味著頂部不在此處，因此股價在後期必然還會展開上漲的走勢。

　　雖然股價暫時停止上漲，但是資金的性質很重要。主力資金入場以後
並沒有出貨，導致成交量極度萎縮，說明上漲行情必然會延續，否則主力資

金如何賺錢呢?因此,當投資人發現股價形成極度縮量整理走勢時,就可以在整理的低點建倉,而這個位置的買點也就被稱為「無量打壓建倉點」。

圖 2-23 中,星雲股份的股價在到達底部區間後,形成緩慢上漲的走勢。在初期上漲的過程中,成交量出現連續溫和放大的跡象,說明此時的緩慢上漲是主力在盤中連續建倉導致的。只要有主流資金入場的跡象,後期就會出現一輪持續性的上漲行情。

主力建倉完畢以後,便開始大力度地推動股價上漲,隨著成交量進一步放大,股價終於形成突破走勢。但股價在剛剛創下新高後,就出現連續下跌,這是主力進行打壓震倉的操作。

股價下跌使前期低位買入的投資人感到恐慌,從而賣出手中的股票;

▲ 圖 2-23　星雲股份 2021 年 7 月走勢

主力就可以經由震倉的操作，來提高一般投資人的持倉成本，並擺脫低成本獲利盤的賣壓干擾。

　　因此，打壓震倉操作是必要的，它有助於提高投資人與主力的持倉成本。雖然股價在短線連續收出陰線，但經由量能分析便可知，股價此時並不是頂部。

　　股價短線下跌時，成交量出現大幅度萎縮，這說明主力根本沒有在下跌的過程中出貨。如果股價距離主力持倉成本很近，且沒有資金離場的跡象，就意味著整理結束後股價必然會繼續上漲。因此，此時的無量下跌走勢就是一次難得的逢低買入機會。一旦股價的波動形成無量打壓的走勢，投資人就可以在縮量的過程中大膽地買入股票。

▲ 圖 2-24　斯萊克 2021 年 6 月走勢

　　斯萊克的股價在圖 2-24 中形成連續上漲的走勢。在股價上漲的過程中，總是不斷出現短線整理的走勢，但是每一次整理過後，在成交量放大的情況下，股價又可以再度創下新高。由此可見，股價性質良好的短線下跌並不是風險，而是獲利的訊號。

　　股價整理時，投資人應當如何分析以及確定買點呢？最重要的是，判斷此時有沒有主力出貨的跡象，這一點很容易從成交量的變化上區分出來。只要在股價整理的過程中，成交量沒有出現放大的現象，此時的整理就是安全的。那麼準確判斷出股價波動安全後，該何時買入呢？

　　因為股價的波動是安全的，且在後期必然會上漲，所以投資人沒必要在乎股價具體的低點在哪裡。但是為了儘量買在低位，因此當縮量整理走勢形成、股價連續收出兩三根陰線時，投資人就可以買入了。當然，如果想更精確掌握股價整理的低點，讀者也可以使用本書中的其他買入技巧配合操作。

　　雙良節能的股價在圖 2-25 中形成一輪震盪上漲的行情。在股價持續上漲時，投資人越早買入可能得到的獲利越高，但總會有很多投資人因為種種原因，沒能在低位及時建倉。那麼在股價不斷上漲時，投資人應該在什麼位置買入呢？

　　股價上漲的時間越長，整理出現的次數就越多。只要在股價短線整理時分析成交量，發現主力沒有出貨，就可以在股價整理的相對低點處建倉。圖 2-25 中，雙良節能的股價形成明確的上升趨勢後，出現一次短線整理走勢。連續出現的陰線使股價波動的重心明顯下移，但股價下跌時，成交量始終保持萎縮狀態。

　　股價在下跌時成交量極度萎縮，表示盤中的主力資金持股心態非常穩定。資金在股價短線下跌時堅定持股，就說明這些資金高度看好後市，這樣一來，上漲行情必然還會繼續。

　　投資人一旦發現股價的波動形成縮量整理走勢，就要特別注意，且在股價連續收出幾根陰線後積極買入。無量打壓建倉點的技術型態很容易掌握，

▲ 圖 2-25　雙良節能 2021 年 6 月走勢

股價波動的性質也可以很輕鬆地判斷出來。

　　一般來說，無量打壓建倉點不對股價整理的具體跌幅做判斷，因為買點是「區域」性的，而不是點的概念。只要在整體上升的趨勢下，發現股價形成縮量下跌的走勢，並且股價在下跌時沒有改變上升的趨勢，就滿足買點的技術要求。

2-5

下跌結束的首次放量，
可確定是主力入場

投資人都希望股價上漲時，成交量可以配合放大，因為量能放大意味著主力資金入場，只有在主力資金的推動下，股價才能有好的表現。有一些股票在放量過程中股價連續上漲，但是有一些股票在放量後股價下跌。由此可見，成交量放大並不完全都是獲利的機會，在很多情況下也是風險到來的訊號。那麼，什麼情況下成交的放大才是安全的呢？

放量是否安全，與資金是流入或流出有很大的關係，只有在資金不斷向場中流入的情況下，股價才會出現連續上漲的行情。根據這個原理，投資人就可以很輕易地判斷出什麼時候才是安全的。在下跌行情結束後，成交量首次出現放量走勢時，股價波動的安全性就很高，因為主力資金不可能把自己套進去。

同時在下跌過程中，成交量往往也保持著萎縮的狀態，顯然是沒有主力建倉的，因此縮量下跌之後的放量，就可以確定是主力資金的建倉行為了。主力剛入場，股價後期形成上漲行情的可能性自然比較大；在主力建倉的區間，股價波動的安全性自然較高。

至純科技的股價在圖 2-26 中，出現一輪大幅度上漲的行情，在股價上漲過程中，成交量始終保持著放大的狀態，顯然這種放量上漲的走勢是主力資金主動操盤導致的。只要成交量沒有萎縮，上升趨勢就很難停止。

▲ 圖 2-26　至純科技 2021 年 5 月走勢

　　在股價上漲的過程中，既有放量上衝回落的走勢，也有放量收出陰線的走勢。這種走勢在當時看的確有一絲危險，但事後來看並沒有影響股價的上漲。那麼，在實戰過程中，什麼情況下成交量的放大才是最安全、最值得入場操作呢？畢竟在放量上漲的中途介入總會有一些風險，如何知道這一次的放量不會演變成主力資金的出貨呢？最安全的放量就是股價的首次放量。

　　圖中至純科技的股價形成底部後，便出現上漲的走勢。在初期上漲的過程中，成交量出現密集放大的跡象。由於這是股價下跌以來成交量第一次放大，因此這必然是資金入場建倉的訊號。在主力最低成本區間隨之買進，安全性必然很高，主力入場總不會是想著把自己套進去吧？

圖 2-27 中國民技術在股價上漲時，出現成交量連續放大的跡象。這種密集放量上漲的走勢，在上漲初期是非常好的，說明資金操作的積極性非常高，有利於股價大幅上升。但等股價到高位後，此種放量就隨時會帶來風險，因為主力資金可以輕鬆地在放量區間完成出貨操作。

成交量越大，主力資金出貨所需要的時間就越短，一旦主力資金快速出貨完畢，股價就容易下跌。所以，想判斷放量出現時股價是否安全，一定要細緻地判斷股價所處的位置。

簡單來說，在股價高位出現的放量現象往往安全性比較低，因為此時主力資金獲利已經極其豐厚，是否出貨就在一念之間。而在主力資金剛入場

▲ 圖 2-27　國民技術 2021 年 3 月走勢

還沒有實現太多獲利時，股價的波動是安全的。因為剛入場的資金在沒有獲利時，是不會出貨的，而資金只要不向場外流出，股價就必然會不斷上漲。

　　從圖 2-27 中可以看到，國民技術的股價在下跌結束後，出現一次明顯的量能放大走勢。這次放量現象的形成，促使股價在後期展開一輪大幅度的上漲，只要投資人買在首次放量形成時，不僅資金的安全性很高，在後期實現的獲利也很大。因為首次放量的點位，就是一輪上漲行情的起點，買在主力最低成本區，獲利自然高。

　　國科微的股價在圖 2-28 中，出現一輪連續震盪上漲的走勢。在股價上漲過程中，成交量始終保持放大的狀態，說明有資金在盤中不斷介入。只要

▲ 圖 2-28　國科微 2021 年 4 月走勢

成交量沒有萎縮，投資人就要一直留在場中做多。

在第一輪股價上漲到頂部時，很多投資人都不敢追漲，生怕買在主力放量出貨的高點處，因此判斷放量是否安全就變得很重要了。放量的安全與否，與主力是否出貨有直接關係，只要主力沒有出貨，無論成交量有多大，安全性都是很高的。如果能進一步在主力資金剛入場時進行操作，與主力資金成本基本一致，那麼安全性會更高。主力賺多少錢你就可以賺多少錢，主力承受多大風險你就會承受多大風險，這是多麼愜意的事情，畢竟沒有主力資金入場是為了虧錢的。

那麼，什麼位置的放量是安全性較高的呢？那就是首次放量區間。成交量在長時間低迷後首次出現連續放大的跡象，往往是資金在盤中建倉的訊號。因為在成交量非常低迷的情況下，主力不可能在盤中建倉或無法大量建倉。所以第一次的放量必然是資金介入的訊號，再配合股價所處的低位，就可以確定成交量放大的安全性了。

科達利的股價在圖 2-29 中出現震盪上漲的走勢。從整體上漲的型態來看，股價每一次上漲都伴隨著成交量放大，這說明股價想要走出好的上漲行情，必須有資金積極入場推動。一旦脫離成交量放大，就不會出現好的上漲行情了。放量雖好，但要根據不同的位置判斷放量的性質。

股價高位的放量往往是主力資金出貨的訊號，因為這些資金不會在股價大幅上漲後的高位區間建倉。對放量的合理解釋就是，主力資金在低位買入後在高位出貨變現。但在一段時間的無量下跌走勢結束後，首次出現放量現象時，投資人一定要重點關注這種走勢，因為成交量首次放大必定是資金在盤中建倉。下跌使股價處於低位，下跌過程中的縮量說明沒有主力資金建倉。因此，低位的第一次放量必然是主力資金在建倉，不會有第二種解釋。

因為主力資金非常龐大，所以建倉時必然會引發成交量放大的現象，這是主力想藏也藏不住的技術特徵。因此，成交量較長時間低迷以後的首次放量，就是主力資金入場建倉的訊號。主力資金入場建倉也就意味著一輪上

▲ 圖 2-29　科達利 2021 年 4 月走勢

漲行情拉開了序幕，只要投資人在這個安全性很高的點位及時買入，剩下的便是能賺多少錢的問題了。

　　圖 2-30 中，南大光電的股價在前一次上漲行情結束後，出現長時間弱勢震盪的走勢。在股價弱勢震盪的過程中，成交量始終保持著萎縮的狀態，這種量價配合說明盤中沒有資金進行大規模的建倉。如果股價得不到資金入場的推動，就只能延續當前的弱勢波動，重心不斷下移。

　　經過一段時間的弱勢波動後，股價終於形成抬頭向上的走勢，在股價上漲時，成交量隨之出現放大的跡象。成交量持續低迷以後出現的第一次放量現象是什麼意思？由於這是成交量的首次放大，因此絕不可能是主力的出

貨操作,因為巨額主力資金不可能在前期極度低迷的成交量中完成建倉,也沒有任何獲利的空間。所以,合理的解釋就是,成交量的首次放大是主流資金在盤中的建倉操作。

由於資金剛開始不斷向場中介入,因此股價波動的安全性非常高。有主力資金的成本保護,股價不可能出現大幅下跌的走勢,並且主力資金入場建倉後,只有拉高股價才能實現獲利。

所以,投資人只要在成交量首次出現放大時入場建倉,資金必然會大幅增值。首次放量很容易被發現,股價所處的位置又與主力資金成本一致,這就是股價大幅上漲前最理想的買點和股價波動最安全的區間。

▲ 圖 2-30　南大光電 2021 年 5 月走勢

2-6
「串陰洗盤」是主力常用的洗盤手法

　　主力在股價上漲的過程中，總是會進行各式各樣的洗盤操作。對於主力來說，只有將低成本的獲利盤儘量清理出局，才能減輕未來股價上漲的壓力。並且在股價上漲到頂部以後，在與投資人成本差距極大的情況下，還可以減少買盤的競爭對手，所以洗盤操作對主力來講是必需的。

　　但洗盤操作對於投資人來說是不太友好的，因為不管誰看到股價停止上漲轉為短線下跌，都會有較大的持股壓力。這一節就為大家介紹一種主力常用的洗盤手法：串陰洗盤。雖然股價在整理過程中連續收出陰線，但只要掌握其量價的內部配合性質，即使股價收出陰線也不會有太大的心理壓力，繼續持倉迎接後期的上漲行情就可以了。

　　如圖 2-31，長城汽車在股價上漲的過程中，成交量始終保持著溫和放大的狀態，量能的溫和放大說明主力資金的持倉量很大，這種類型的股票往往會有不錯的表現。面對這種量能型態，只要巨量沒有出現，投資人就沒有必要擔心頂部的到來。

　　在股價上漲的過程中，雖然陰線不斷出現，但是實體非常小。小實體的陰線說明盤中做空的力度很弱，是無法對投資人起到震懾作用的。所以主力想更有效率地洗盤，就必須加大股價的波動。

　　於是，在股價上漲的中途，主力又一次洗盤。連續幾根陰線的出現，

▲ 圖 2-31　長城汽車 2021 年 6 月走勢

使股價的波動型態很像雙頂型態,並且持續幾天的下跌走勢足以給投資人造成壓力。只有投資人感到害怕,主力才可以順利地達到震倉的目的,從而抬高市場投資人的持倉成本。

　　當股價連續收出陰線時,投資人如何判斷股價的波動是否安全呢?此時可以分析成交量的變化,只要在股價連續收出陰線時,成交量沒有出現放大的跡象,那麼投資人就沒有必要擔心。較小的成交量顯示主力資金沒有出貨,那麼無論收出多少根陰線,都只是主力為了把低成本的投資人驅趕出去而已。

　　主力出不掉貨,股價又一直跌,難道主力想自己套住自己嗎?顯然是不

可能的，唯一的解釋就是主力想把低成本的投資人趕走，讓新投資人接盤，從而提高市場的整體持股成本。

　　上機數控的股價，在圖 2-32 中形成一輪持續上漲的行情，股價上漲過程中，成交量也始終保持連續放大的狀態。在有主力資金積極運作的情況下，會為投資人帶來非常不錯的行情。

　　雖然股價後期的上漲走勢非常強勢，但低位買入的投資人想把手中的股票一路持有到高位，是比較困難的事情。因為在股價強勢上漲之前，主力進行了各式各樣的洗盤操作，既有大陰線洗盤，也有串陰洗盤，這些洗盤方式必定會嚇跑很多投資人。

▲ 圖 2-32　上機數控 2021 年 7 月走勢

　　大陰線洗盤難以識別，事後才知道是不是主力出貨。但串陰洗盤就比較好識別了，碰到這種走勢時不要害怕，一定要大膽持倉。在股價回落時，連續出現 5 天陰線，如果說兩三天的陰線投資人還可以承受，但連續下跌一週的走勢，不是所有投資人都能承受得了的。此時一連串的陰線，到底是主力在出貨還是在震倉呢？

　　股價下跌時，成交量並沒有出現放大的跡象，說明盤中的資金並沒有出貨。既然經由成交量確定主力沒有出貨，那麼股價的連續下跌就是主力的震倉，這是主力人為製造的下跌，目的就是將低成本的投資人趕出去，以減少後期股價上漲的賣壓。

　　晶澳科技的股價在圖 2-33 中，出現一輪幅度還算不錯的上漲行情。在股價上漲初期，成交量保持著明顯活躍的狀態；而在股價上漲的中後期成交量越來越少，說明主力資金的持倉量在不斷增加。主力越是高度持倉，行情上漲的延續性就越好。

　　雖然股價的上漲走勢並不複雜，但在股價到達高位前堅定持股，不是一件容易的事情。因為在股價上漲之前，主力進行一次串陰洗盤的操作，股價在近期連續收出陰線，這種走勢總會讓投資人感到害怕，看到股價沒完沒了下跌、資金不斷縮水，誰都會產生巨大的持股壓力。雖然連續的下跌非常可怕，但是投資人仍然要頂住壓力，仔細分析股價的波動性質。

　　雖然股價連續收出陰線，但是在下跌的過程中，成交量始終保持著萎縮的狀態，這說明主力的主流資金並沒有在股價下跌的過程中出貨。主流資金沒有出貨，就說明這個區間不是真正的頂部。既然不是頂部，那就只能是上漲的中途。因此，資金沒有出貨的下跌往往是主力的洗盤操作，此時投資人不必介意陰線的數量，而應分析資金的流向。也正是因為主力資金沒有出貨，所以即使連續收出好幾天的陰線，股價整體下跌的幅度也不是很大。

　　星雲股份的股價在圖 2-34 中，出現一輪標準的震盪上漲行情。在股價上漲的過程中，成交量的放大說明資金在盤中不斷積極交易，只要主力資金

▲ 圖 2-33　晶澳科技 2021 年 6 月走勢

始終在盤中操作，股價的上漲行情就不會終止。

　　上漲行情是令人快樂的，但是在享受這份快樂之前，持股往往會讓投資人感到痛苦。在股價上漲前，曾連續出現短線下跌的走勢，連續收出的四根陰線給持股的投資人帶來極大障礙。天天收陰線的型態讓人看不到希望，且會增加內心的恐懼：萬一突然收出大陰線怎麼辦？而此時股價下跌的目的就是讓投資人感到害怕，從而賣出手中的股票。如果在 20 多元買入的投資人都在 30 多元時賣出，那麼新買入的投資人的成本都在 30 多元，而主力的持股成本還在 20 多元處，兩者的持股成本就會產生極大的差距了。

　　雖然股價連續收出了陰線，但是成交量始終保持著萎縮狀態，提醒投

▲ 圖 2-34　星雲股份 2021 年 7 月走勢

資人主力並沒有出貨，證明股價的波動是安全的。在這種情況下，投資人要做的就是繼續耐心持股，不要被連續出現的四根陰線嚇住。如果能冷靜觀察就可以發現，雖然股價連續收跌，但是每一根陰線的實體都非常小。主力並不是靠大幅下跌來洗盤，而是經由製造一種「下跌無盡頭」的假象，來迫使投資人做出賣出決定。

　　主力為什麼要用讓股價連續收出陰線的方式洗盤呢？因為投資人都非常害怕股價下跌，看到股價連續數天都在下跌，心中的恐懼難免與日俱增。市場中有一種技術型態叫「三隻烏鴉」，說的就是連續三天收陰就要看跌。在這種情況下，投資人很難保持健康的持股心態。

　　當 K 線不斷收出陰線時，誰也不知道後期股價會出現多大的跌幅，就會有一些投資人為了迴避風險而賣出。因此股價下跌時，投資人一定要仔細分析：為什麼在股價連續收出陰線時，成交量始終保持萎縮的狀態？為什麼股價連續收出陰線，但下跌的幅度並不大呢？

　　這是因為主力此時不想出貨，所以成交量非常小；同時，主力又不想讓股價大跌，給場外投資人以更低價格買進的機會，所以只能使用連續小幅下跌的方式洗盤。一旦連續的陰線達到了主力震倉的目的，後期必然會快速地展開上漲行情。

　　結合這些因素，再來看圖 2-35 中旗濱集團股價上漲中途的串陰走勢，

▲ 圖 2-35　旗濱集團 2021 年 6 月走勢

便可以得知主力資金的操作意圖了。連續收陰線但整體跌幅不大，說明空方力量較弱。

空方如果真有力度，直接砸跌停不是更好嗎？連續收陰線時成交量很少，那麼是誰的持倉心態這麼穩定，在股價下跌時穩穩持倉不出？顯然是知道股價後期會如何波動的主力資金。主力資金不出，我們也不出，這樣一來就可以把低成本的股票一直持有到高位了。

專家心法

雖然股價在整理過程中連續收出陰線，但只要掌握量價的內部配合性質，即使股價收出陰線也不會有太大的心理壓力，繼續持倉迎接後期的上漲行情就可以了。

2-7

就算錯過低點，還有「首次整理買點」的進場機會

　　由於種種原因，很多投資人在股價剛剛起漲時錯過買入機會，在股價不斷強勢上漲的過程中，又不願意眼看獲利的機會被錯過。那麼如果錯過了低位的買點，該如何在股價上漲的過程中確定新的買入位置呢？

　　喜歡短線操作的投資人，可以利用各種分時技術在盤中掌握短線買點；對於中長線或日線操作的投資人，最好的方法就是耐心等待股價出現整理走勢後，再進行相應的操作。因為股價上漲後必然會整理，多空雙方交替是鐵律，所以即使再強勢的上漲，也必然會出現整理。因此，錯過低點介入時機後，最能帶來獲利機會的便是首次整理買點。

　　如圖 2-36，南大光電的股價見底後便展開快速上漲的走勢。在股價上漲的過程中，成交量始終保持放大狀態，說明盤中資金做多的意願非常強烈，在這種情況下，投資人一定要儘早入場操作。

　　但股價初期上漲的過程中，沒有給投資人留下較好的低點買入機會，股價每天都收出陽線，場外投資人不得不提高買入價位。如果投資人不想買在上漲的高點該如何操作呢？

　　最好的辦法，就是等待股價出現首次整理買點時再入場。首次整理買點的含義是，在股價上漲的過程中，出現第一次真正意義上的整理走勢。一旦股價在上漲途中出現首次整理走勢，在整理區間就會隨處都是買點，相對

▲ 圖 2-36　南大光電 2021 年 6 月走勢

於後期的上漲行情，此處就是最低點。

　　如圖，南大光電在上漲途中出現一次橫盤震盪的整理走勢，因為此時的整理是股價上升趨勢形成後的第一次整理，所以這個位置絕對不是頂部，此時的整理僅是多方的一次整理。否則面對這麼多的獲利盤，股價為什麼跌不下去呢？

　　圖 2-37 中，富滿電子的股價跌落到底部後，略做震盪便出現上漲行情。在股價初期上漲時，成交量出現明確的放大跡象，說明有資金在股價第一輪上漲的過程中大規模建倉。只要有資金入場做多，股價就會在後期出現持續上漲的走勢。

▲ 圖 2-37　富滿電子 2021 年 4 月走勢

　　經過連續的短線上漲，主力如果繼續買入股票，成本就會抬高很多，同時會累積許多比主力平均成本還要低的獲利買盤。在這種情況下，整理走勢必然會出現，無論是為了降低建倉成本，還是為了甩掉低成本獲利盤，主力都有必要讓股價暫時停止上漲。一旦股價此時出現整理，主力的建倉成本就可以降低很多，還會引出許多獲利投資人賣盤，幫助主力建倉。

　　由此可見，底部形成以後的股價首次整理並不是頂部，而是為主力建倉服務的。如果主力都敢在首次整理的區間內積極建倉，那麼投資人還有必要害怕嗎？

　　從圖 2-37 中可以看到，相對於後期行情來看，富滿電子出現首次整理

的位置，恰好是一個新的重要底部區間。投資人只要在這個位置建倉操作，那麼在面對後期連續上漲的走勢時，心中必定會樂開了花。

圖2-38中，邁為股份的股價形成底部後，迅速呈短線上漲的走勢，讓投資人基本上沒有低位買入的機會，只能在第一輪上漲的過程中追高買進。但並不是所有投資人都願意追高買進，那麼該如何尋找新的介入點呢？如果錯過低位買進的機會又不想追高，那麼可以等待首次整理買點的出現。

首次整理買點有兩層意義：其一，它是上升趨勢形成後的首次大力度整理。因為此時的股價距離主力建倉成本區間不遠，所以往往不是頂部，並且主力往往會在這個區間積極增倉，因此在這個區間買進安全性很高。

其二，由於此時股價已經擺脫主力的最低成本區，低位買入的投資人都產生了一定幅度的獲利。為了避免受到後期在股價高位大量低成本，獲利盤集中出貨的影響，主力有必要一步一步地將這些低成本獲利盤清理出去，拉大與普通投資人的持倉成本差距，由此必然會出現整理走勢。因此，把上升趨勢中的第一次整理，視作首次整理買點也是正確的。

從圖2-38中可以看到，股價出現一次力度較大的整理走勢。雖然長時間沒有上漲，但從成交量的變化上可以看出，股價的停滯並不是因為主力在出貨，而是因為在陰線出現時，成交量並沒有放大的跡象，反而出現明顯萎縮。

主力巨量的持倉，怎麼可能在不斷萎縮的成交量中完成出貨呢？由於主力資金依然停留在場中，所以股價此時的整理是最好的介入時機，並且這是股價上升趨勢形成後首次出現的整理走勢，無論買在整理區間的哪一個位置，都可以在後期實現較大的獲利。

▲ 圖 2-38　邁為股份 2021 年 4 月走勢

　　圖 2-39 中，富臨精工的股價下跌到位後，形成一輪連續上漲的走勢。在股價上漲的途中雖然收出幾根小陰線，但跌幅很小，並沒有給投資人留下好的中途介入機會。如果沒有出現連續性整理走勢，就沒有好的低點介入機會。

　　由於股價見底後的上漲型態結構非常簡單，因此會有很多投資人錯過低點介入的時機。如果沒有來得及在低點區間建倉，那麼後期該在什麼時候再次買入呢？

　　最好的方法之一，就是等到整理走勢出現再入場。就算股價漲得再猛也必然會形成整理，即使主力資金不出貨，市場中其他賺得夠多的資金離場，

▲ 圖 2-39　富臨精工 2021 年 6 月走勢

也可能會把價格打下來。所以，上漲之後必然出現整理，健康的整理之後股價也必然會再度上漲，如果掌握好這個市場節奏，操作就簡單了。

對於後期行情而言，在整理區間的任何位置都可以建倉，但是本著收益最大化的原則，制定買點時還是需要講究一些方法。一輪上漲行情中會出現多次整理，整理的次數越多便意味著股價的整體漲幅越大。

所以，利潤最大的介入點位就在首次整理區間。識別股價的第一輪上漲並不難，上漲之後只要出現整理，就是首次整理區間，此時整個區間都是好的介入點，只要股價在這個區間連續收出陰線，就可以毫不猶豫地入場了。

圖 2-40 中，斯迪克的股價在上漲前形成長時間的低位箱體震盪走勢，

▲ 圖 2-40　斯迪克 2021 年 6 月走勢

當股價放量突破箱體震盪高點後，一輪上漲行情隨之展開。在第一輪上漲行情出現時，給投資人留下突破新高的介入點。除了抄底外，這是股價上漲行情展開之前的第一個順勢介入位。

　　雖然股價上漲初期的買入訊號非常明確，依然會有很多投資人擔心股價的突破是虛假的不敢入場。隨著股價一天天上漲，那些沒有在低點買入的投資人，該如何在後期把握住獲利機會呢？

　　此時對於投資人而言，最好的方法就是在股價出現首次整理買點時操作。上漲中途股價連續收出兩根陰線，股價短線上升的趨勢有了被破壞的跡象。雖然上升趨勢看似不樂觀，但是成交量在股價整理時出現明確的萎縮跡

象，說明盤中的主力資金根本沒有任何出貨操作，只要主力資金仍然停留在場中，股價波動的安全性就會非常高。

突破新高的上漲是見底後的第一輪上漲，第一輪上漲後的整理便是首次整理，首次整理區間收出的陰線，為投資人帶來極好的買進機會。之所以把首次整理區間視作買點，是因為主力在這個區間並沒有出貨，只要主力不出貨，無論股價如何波動，都是安全的。

圖 2-41 中，富瀚微的股價一經見底，便在成交量放大的情況下快速展開上漲行情。成交量隨著股價一天天上漲而不斷放大，說明股價上漲得到資金的認可，只要有資金不斷介入，上漲行情就能夠延續。

▲ 圖 2-41　富瀚微 2021 年 6 月走勢

在股價初期上漲的過程中，陽線不斷出現，這種走勢說明資金此時做多的態度非常堅決。但是連續的陽線必然使很多投資人沒有機會買入，面對股價如此強勁的上漲，投資人該如何操作呢？

陽線不可能一直出現，一旦在上漲過程中出現整理陰線，投資人就可以積極入場了。因為初期連續上漲的陽線是主力在建倉，並非真正的主升段行情，所以初期的整理也絕不會是頂部。

按照首次整理買點，在收出第一根陰線後入場，股價後期再次出現連續上漲的行情。如果首次整理規模大，會提供多次中途介入的機會；如果首次整理規模小，則可能在整理兩三天後繼續展開上漲行情。但股價到底是大規模整理還是短線整理無法事先得知，因此只要在走勢確定後第一次收出整理陰線，就可以視為出現首次整理走勢，當股價連續收出兩根陰線時就可以買進。

既然主力沒有出貨，股價安全性就很高，後期上漲的機率就極大，也就沒必要計較首次整理區間的介入點是不是這個區間的最低點了，畢竟上漲之前所有的價格都是好價格！

如圖 2-42，阿爾特的股價見底後，在成交量連續放大的情況下出現短線快速上漲走勢。在股價初期上漲的過程中，均量線保持著向上的趨勢，說明盤中資金在非常有秩序地介入。主力資金在不斷地建倉，股價又怎麼可能不上漲呢？

由於股價初期上漲的速度比較快，且是以連續收陽線的形式進行，因此必然會有很多投資人無法掌握低位買入的時機，一猶豫便錯過最好買點。投資人若錯過了低位買點，可以利用首次整理買點，於上漲中途把握入場機會。對於短線快速上漲的個股而言，在連續出現陽線以後，只要收出第一根陰線，就可以視為首次整理走勢出現。

上圖中，阿爾特的股價在底部收出多根陽線後，終於收出第一根陰線。這根陰線是自上升趨勢形成以來的首次整理陰線，投資人可以在陰線形成的

阿尔特 2020/12/09 - 2021/08/03 开33.81↑ 高36.39↑ 低33.25↑ 收34.90↑ 量272917↑ 额94948

▲ 圖 2-42　阿爾特 2021 年 4 月走勢

低點處建倉。既然確定有資金入場，距離主力持倉成本並不遠，就可以知道股價當前的安全性很高，因為主力沒有任何出貨的空間和意願。因此，利用首次整理買點的方法操作，完全可以掌握住股價後期連續上漲的行情。

如圖 2-43，東華測試的股價在出現長時間的整理並到位後，資金再度入場做多的情況下又展開一輪大幅度的上漲走勢。在股價上漲初期，成交量非常完美，每天都保持放大的狀態，這說明主力資金正在不斷地向場中介入，為後期連續的上漲提供足夠動力。

由於股價在低位震盪區間，沒有形成任何標準的買點技術型態，因此買入的投資人並不多，而後短線快速上漲的走勢，又讓投資人錯過了機會。

▲ 圖 2-43　東華測試 2021 年 6 月走勢

面對股價的上漲，還沒有買入的投資人只能耐心等待股價出現首次整理走勢後，再入場建倉。

　　股價經過短線上漲後，終於收出第一根整理陰線。這根陰線的實體非常小，如果主力正在大規模出貨，那麼股價又怎麼可能只跌這麼一點呢？陰線實體較小說明賣盤很輕，顯然不是主力資金在出貨，既然主力資金沒有出貨，此時整理的性質就是安全的。在首次整理陰線出現時，陰線的實體越小就越值得買進，因為陰線實體的大小直接反映多空雙方的力量對比。首次整理買點出現以後，東華測試的股價便在後期出現連續上漲的走勢，由此可見第一根陰線的位置根本沒有大風險。

　　圖 2-44 中，聯創股份的股價進入底部區間以後，出現緩慢上漲的走勢。在初期股價震盪上行時，成交量出現溫和放大的跡象，說明盤中有資金正在不斷建倉。只要投資人發現資金的建倉行為，就可以確認這檔股票價格後期會上漲。

　　經過一段時間的震盪，主力買下較多底倉股票，便開始發力推高股價。隨著成交量的進一步放大，陽線一根接一根地出現，每天都可以給場中的投資人帶來不錯的收益，同時不斷提高著場外投資人的買入成本。經過幾天的上漲，股價收出一根正常的整理陰線，這根陰線再次為投資人帶來買入機會。

▲ 圖 2-44　聯創股份 2021 年 7 月走勢

　　主力操作時很少會一口氣把股價拉高到頂部區間，上漲途中會經常收出整理陰線。第一根整理陰線離主力的成本區最近，主力還沒有獲得巨大收益不會在這個位置出貨，因此在首次整理陰線處買入，資金並不會有風險。

　　如上圖，第一根整理陰線出現以後，股價很快再度加速上行，由此可見，主力並不想給投資人留下太多逢低買入的機會。如果不懂得運用首次整理買點進行操作，就會白白丟掉獲利的機會。

　　如圖 2-45，中礦資源的股價見底以後，在成交量急速放大的情況下展開短線快速上漲的走勢。股價在上漲初期漲得越快，能夠及時買入的投資人就會越少。錯過最低點的買入機會，並不意味著錯過整個上漲過程，只要運

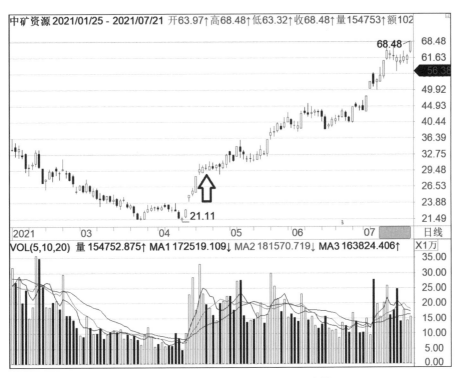

▲ 圖 2-45　中礦資源 2021 年 4 月走勢

用正確的方法在上漲中的合理位置建倉，照樣可以實現高額的獲利。

在股價快速上漲的過程中，除了其他分時絕技外，首次整理買點也是一個不錯的買點。中礦資源在股價見底上漲的中途，收出第一根整理的小陰線，明確具備首次整理的特徵，因此投資人可以在這個位置積極地建倉。上漲力度越大的股票，首次整理買點就越有效。因為那些上漲力度比較大的股票，往往會在整理陰線出現後馬上展開上漲行情，投資人一旦買入，資金在近期就可以迅速增值。

首次整理買點無論出現在整理的過程中，還是出現在股價短線上漲後收出第一根陰線，都可以積極地對其加以利用。此時我們看中的是股價安全的波動性質，並不是具體的介入點。只要股價波動的性質是安全的，上漲的機率就極大，只不過是馬上上漲還是過幾天再上漲的區別而已。

專家心法

股價上漲後必然會整理，多空雙方交替是鐵律。因此，錯過低點介入時機後，最能帶來獲利機會的，便是首次整理買點。

2-8

「極度縮量買點」是風險最低的買入法

　　K線型態可以提示投資人股價的方向，而成交量的變化則可以提示投資人盤中資金的流向。因此，只有結合分析成交量的變化與股價型態的變化，才能準確地定性股價波動。實戰操作時，投資人都希望保證資金安全，有哪種買入方法，可以將風險降至最低呢？有的，這種買入方法就是極度縮量買點。

　　極度縮量買點可以出現在股價上漲過程中的任意位置，當然最好是在股價上漲的初期或中期，未來的獲利空間更大。在極度縮量買點區間，無論出現陽線還是整理陰線，都可以買進，K線的具體型態不是最主要的參考因素，成交量的變化才是買點是否成立的決定因素。

　　在股價上漲過程中，只有成交量極度萎縮，股價始終保持縮量上漲的狀態，投資人入場的安全性才最高。因為縮量反映出主力資金已經完成大規模的建倉操作，只要不出貨就不會大量放量，而不大量放量就可以繼續持有或大膽買進。

　　圖 2-46 中，恩捷股份的股價在上漲前的低位，形成連續放量走勢。成交量密集放大，說明主力資金在盤中大力度建倉，只要有主流資金介入，股價就必然會在後期展開連續的上漲走勢。

　　當股價形成上升趨勢以後，投資人該如何操作呢？在盤中操作，最重要

▲ 圖 2-46　恩捷股份 2021 年 5 月走勢

的就是確保資金的安全，因此只能在主力還沒有出貨的情況下操作。那麼，在股價上漲的過程中，投資人應如何判斷主力有沒有出貨呢？答案是如果主力出貨，成交量就會產生明顯的放大跡象；如果主力沒有出貨，成交量就不會超規模放大。所以，量能的大小是判斷主力出貨與否的重要標誌。

　　圖中恩捷股份的股價在上漲後的整理過程中，成交量極度低迷，說明主力持有大量的股票而不願意賣出。主力不賣出，便意味著當前股價的波動區間並不是頂部；只要頂部未到，投資人就可以在股價極度縮量上漲過程中的任何位置積極地建倉。

　　雙良節能的股價在圖 2-47 中，形成一輪長時間的震盪上漲行情。面對

股價連續上漲，很少有投資人可以實現大幅的收益。主要原因就是投資人買點設置錯誤，在股價整理的過程中不敢逢低建倉，而在股價上漲的過程中又不敢追漲，這樣一來機會便一次次地被錯過了。

　　只要股價形成大的上升趨勢，投資人就沒必要理會短線小幅度的震盪，應多從成交量的變化入手分析，因為成交量的變化代表盤中資金的流向，只要主流資金沒有出貨，投資人就可以在任意位置買入。在圖 2-47 該股中期上漲的過程中，始終沒有出現放量的現象。

　　主力巨大的持倉量，怎麼可能在如此小的成交量中順利完成出貨操作呢？因此，無論股價是上漲還是短線整理，只要大趨勢沒有改變，投資人就

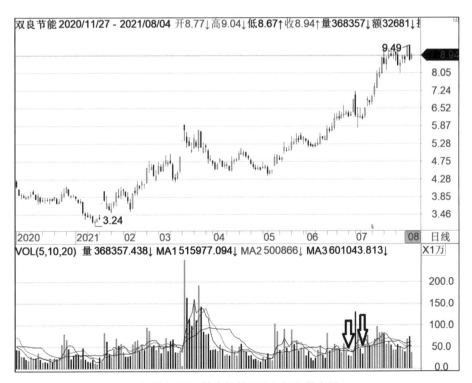

▲ 圖 2-47　雙良節能 2021 年 6 月走勢

可以買入。極度縮量買點不強調 K 線型態中的具體買入位置，只要成交量沒有放大、始終保持低迷，投資人就可以在極度縮量現象出現時買入股票，資金進出的流向遠比具體的買入價格更重要！

圖2-48中，雙環傳動在2021年初上漲的過程中，成交量形成溫和放大的走勢，說明有資金開始建倉，但由於年初成交量的密集程度較差，因此主力建倉的數量並不是太多。經過2021年3月的整理後成交量再度放大，說明主力的建倉操作具有連續性。既然主力資金願意持續建倉，股價在後期就會持續上漲。

主力資金的介入是為了在後期實現獲利，當股價上升趨勢形成時，投資

▲ 圖 2-48　雙環傳動 2021 年 11 月走勢

人應當在什麼位置買入呢？買入點的設置與主力的操作方式有重要的關係，如果投資人判斷不準成交量的性質，就只能短線操作。

但是如果投資人可以在股價上漲的過程中，經由成交量判斷主力交易行為的性質，就沒有必要在意具體的買入點位，只要成交量沒有放大，股價就還會繼續上漲。

如圖所示，雙環傳動的股價在上漲的過程中，隨著股價越來越高，中途整理的成交量卻越來越少，說明主力此時的持倉信心非常堅定。在這麼小的成交量中，主力根本沒有任何出貨的機會，那還有什麼可擔心的呢？因此，當每一次成交量出現極度低迷的狀態時，都是買入的好機會。

圖 2-49 中，斯迪克在股價上漲初期，成交量出現密集放大的跡象。成交量的變化，將主力的持倉成本和操作意圖完全透露給投資人。掌握主力持倉成本的所在，也知道主力正在積極地建倉，投資人就可以掌握更大的主動權。

從圖 2-49 中可以看到，股價脫離主力的成本區間以後，在中途整理時成交量始終保持著非常低迷的狀態。這種極小的量能型態，說明主力在股價整理的過程中沒有進行任何出貨操作。

主力不出貨而股價短線小幅度下跌，意味著此次整理的性質只不過是上漲中途的一次震倉而已。既然主力資金始終不出貨，那投資人還有什麼可擔心的？此時不僅不應當害怕，還應該敢於在成交量極度低迷時積極入場買進或是加倉。

在股價上漲的過程中，成交量越少，說明主力持倉量越大，主力花費的資金越多。不管股價是上漲還是整理，只要股價沒有出現大幅上漲，成交量始終保持著極度萎縮的狀態，買點就無處不在。

▲ 圖 2-49　斯迪克 2021 年 6 月走勢

　　圖 2-50 中，興發集團在股價上漲初期，成交量出現密集放大。量能在同一個區間內不斷放大，說明有主力資金在進行大規模的建倉操作。只要投資人發現了主力資金大力度建倉的跡象，就可以確定股價後期必然上漲。

　　當股價突破主力的持倉成本區間後，上升趨勢就變得越來越明顯了。一旦股價形成大的上升趨勢，投資人應該在什麼位置建倉呢？如果投資人是短線操作，就需要根據具體的 K 線型態來掌握買點；但是如果投資人順應大勢中長線操作，就應該在大趨勢形成的情況下忽視短線 K 線的漲跌，而多從成交量的變化入手進行分析。

　　如圖所示，興發集團在股價上漲過程中的整理區間，成交量始終保持

▲ 圖 2-50　興發集團 2021 年 6 月走勢

萎縮。此時的量能型態說明主力已經買下大量股票，只要主力不出貨，成交量就不會放大，而在極度縮量狀態下，投資人可以放心大膽操作。

　　極度縮量買點屬於中長線操作買點，因為這種買入方法不注重 K 線的具體型態，只對成交量的變化有嚴格的要求。無論股價是上漲還是整理，成交量都不能放大，並且在上漲的過程中成交量越少越好，能萎縮到起漲前低迷的量能狀態是最好的。在成交量保持極度萎縮狀態時，對每一根陽線都可以追漲，對每一根陰線都可以在盤中的低點完成建倉。

第 3 章

結合 6 大指標，
輕鬆買低賣高獲利 100%

3-1
用 MACD 指標看準買點，就能果斷進場

　　技術指標可以簡化股價複雜的波動型態，大大減輕投資人的分析壓力，以最高的效率得出最貼近市場真實波動的分析結論。每款指標都從不同角度提示投資人市場的某個事實，只要掌握正確這些事實的方法，便可以在指標的幫助下更加確定進場與離場的點位，以及具體的交易計畫。雖然技術指標不是萬能的，但沒有它是萬萬不能的，不管是新手還是老手，多參考技術指標都會獲得大大的好處！

　　MACD 指標對於很多投資人來說並不陌生，但在實戰中能運用好的人並不多。主要原因就是很多人不懂 MACD 指標形成什麼樣的訊號時，獲利的穩定性會更高。如果不懂得 MACD 指標的正確使用場景，就難以出現得到好的實戰效果。

　　本節將為各位讀者介紹 MACD 指標穩定性最高的買入型態——精準買點。無論老手或新手，只要見到 MACD 指標形成此種技術型態，就可以放心大膽操作。

　　圖 3-1 中，小康股份的股價在前一次頂部形成後，出現連續震盪下跌的走勢。因為下跌幅度並不是很大，下跌時間也不是很長，若從 K 線型態分析很難找到低點介入的機會。

　　當無法從 K 線型態上得到操作結論時，投資人就要利用技術指標輔助

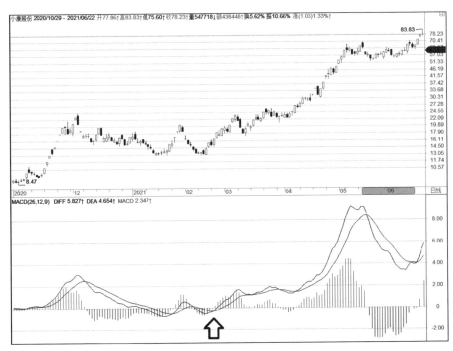

▲ 圖 3-1　小康股份 2021 年 2 月走勢

分析了。從圖中可以看到在股價下跌的末期，MACD 指標先後形成兩個黃金交叉買點的提示訊號。第一個黃金交叉提示投資人股價可能已接近底部區間，應密切關注；第二個黃金交叉提示投資人最佳買點所在。按照 MACD 指標先後兩次出現的黃金交叉買點提示訊號，可以準確地在股價抬高的第二個黃金交叉處，掌握住股價上漲前的最低點區間。

　　將 MACD 指標的第一個黃金交叉視作底部提示訊號，而不急於操作是一種穩健的方法，可以過濾掉 MACD 指標經常出現的「偽訊號」。只有當黃金交叉買點先後出現兩個，才能帶來最穩定的獲利機會。

　　圖 3-2 中，長川科技的股價形成一次階段性頂部後，出現大幅整理走勢，MACD 指標始終保持空頭排列的型態。在 MACD 指標空頭向下排列

時，投資人絕對不能入場操作，因為在這一區間內股價下跌的風險是極大的，無法得知股價會出現怎樣深度的下跌，所以不宜過早入場。

經過一段時間的下跌後，MACD 指標在低位形成第一個黃金交叉買點訊號。在第一個黃金交叉出現時，由於股價依然呈下降趨勢，這時投資人還不能操作，必須等到下一個更明確的買入訊號出現。股價經過又一番震盪以後，MACD 指標再次形成一個黃金交叉買點訊號。接連兩次出現的抬高形式的黃金交叉訊號，是什麼含義呢？

MACD 指標的變化是提示投資人，股價的底部就在這個區間，第一個黃金交叉指示股價大的底部區間，第二個黃金交叉則進一步確認底部的到來。所以，當 MACD 指標出現兩個黃金交叉確定底部時，投資人就可以在

▲ 圖 3-2　長川科技 2021 年 5 月走勢

這個區間內建倉了，有兩個確認的黃金交叉才是值得信任的買點訊號。

　　圖 3-3 中，華友鈷業的股價在上漲前出現一輪短線大幅下跌的走勢，在股價下跌時，MACD 指標始終保持明確的空頭排列型態。在這種情況下，如果投資人入場操作，那麼風險將會極大。

　　經過一段時間下跌後，MACD 指標形成第一個黃金交叉買點訊號，因為此時股價的下降趨勢並沒有明顯轉變，所以應當抱著謹慎的態度，不要過早入場，等形勢明朗再積極操作。股價經過一輪震盪後，MACD 指標再度形成一個黃金交叉買入訊號。在不長的時間裡 MACD 指標連續出現兩個買入訊號，表明股價進一步上漲的行情就在眼前。第二個黃金交叉形成時，絕佳的操作機會就來了。

▲ 圖 3-3　華友鈷業 2021 年 5 月走勢

　　MACD 指標第二個黃金交叉買點形成以後，股價出現一輪連續上漲的行情。之所以將這種買入方法稱為「精準買點」，是因為 MACD 指標一旦形成這種型態，股價上漲的穩定性就是極高的，此外第二個抬高的黃金交叉買點訊號點對應的股價，還是後期行情中難得的一個重要低點。

　　圖 3-4 中，盛劍環境的股價進入正常波動狀態後，便呈現連續下跌的走勢。在股價下跌的過程中，MACD 指標始終保持著空頭排列型態，不斷提示投資人風險在延續。一輪下跌結束後，MACD 指標第一次形成黃金交叉的現象，此時可以入場買進嗎？

　　在實戰中，第一個黃金交叉只能被視作提示積極關注的訊號，不宜直接作為買入訊號，因為這時主力還沒有開始建倉，所以不能過於樂觀。但是，

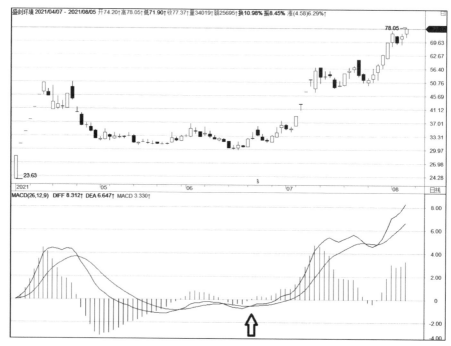

▲ 圖 3-4　盛劍環境 2021 年 6 月走勢

如果 MACD 指標可以形成第二個黃金交叉訊號，投資人入場操作的安全性就比較高了。

圖中，MACD 指標形成第一個黃金交叉後，股價並沒有好的表現，而是在後期繼續形成創新低的走勢。當形成 MACD 指標第二個黃金交叉時，股價才走出真正的上漲行情。

計算題要驗算一下才能保證結果準確，同樣地，MACD 指標的黃金交叉買點經過二次確認，才能提高股價後期上漲的穩定性。第二個黃金交叉必須出現抬高的型態，與前一個黃金交叉訊號之間不能夾雜過多、過碎的波動，否則會有走勢脫節的可能。同時，兩個黃金交叉間隔的時間不宜過短也不宜過長，既要有一定的時間間隔，給主力資金留出建倉的時間；也不宜間隔時間太長，導致走勢的關聯性越來越弱。

圖 3-5 中，諾德股份的股價在上漲前出現一段時間的震盪下跌走勢。在主要的下跌過程中，投資人完全可以參考 MACD 指標的空頭排列訊號，空倉在場外等待機會的到來。如此一來，不管股價如何下跌都不會產生虧損的風險。MACD 指標不僅可以提示風險，還可以經由黃金交叉買點訊號，提示投資人獲利機會的到來。

股價在下跌到底部後，MACD 指標形成第一個黃金交叉，但不具備買入的參考價值，投資人絕不能在下跌之後的 MACD 指標第一個黃金交叉處操作。在很短的時間內，MACD 指標形成第二個黃金交叉，與第一個黃金交叉相比，第二個黃金交叉位置沒有抬高，因此，第二個黃金交叉的點位依然不能操作。也就是說，並不是出現第二個黃金交叉就可以買進，而是第二個黃金交叉抬高才可以買進。

經過一番震盪，第三個黃金交叉出現。這個黃金交叉與第二個黃金交叉相比，明顯出現抬高的跡象，因此，真正的買點就在第三個黃金交叉的位置。只有看到抬高的 MACD 指標第二個黃金交叉，投資人才可以積極大膽地入場操作。精準買點不是亂說的，它的確名副其實！

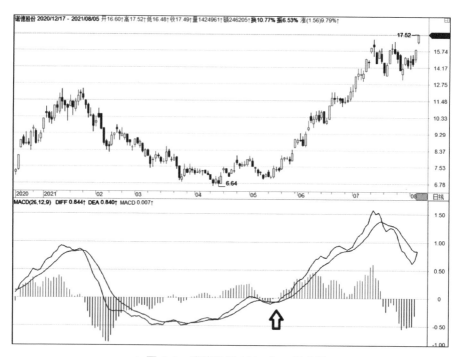

▲ 圖 3-5　諾德股份 2021 年 5 月走勢

3-2
用 KD 指標短線抄底，最簡單好操作

　　很多投資人短線操作時喜歡用 KD 指標，但由於該指標是純粹的短線指標，指標線的波動非常頻繁，且線體型態有時比較混亂，大部分人使用的效果不是太好。那麼，有沒有什麼好的方法可以讓投資人的使用效率更高，更容易捕捉到價格波動帶來的機會呢？

　　使用 KD 指標抄底雙槍技巧進行操作，就可以成功地把握住股價短線上漲行情的起點。抄底雙槍的操作方法非常簡單，且買點形成時的指標型態也非常容易確認，適合各種程度的投資人使用。需要注意的是，在買入時要抱著短線操作的態度，因為 KD 指標本身是短線指標，無法提示中長線操作。短線買入後，在有一定獲利做保護並且停損方法正確時，才有可能將短線獲利一步步轉變為中長線操作。

　　圖 3-6 中，杉杉股份在股價震盪下跌時，KD 指標的高位死亡交叉為投資人發出反彈高點的風險訊號。在下跌過程中，只要 KD 指標沒有從較高的數值區間回落到較低的數值區間，股價的波動就不會給投資人帶來任何好的短線獲利機會。

　　股價經過連續下跌後，KD 指標終於在低數值區間形成第一次黃金交叉買點訊號。不過，由於 KD 指標的波動非常靈敏，面對第一個黃金交叉買點還是謹慎為好，不宜直接入場。股價再次經過短線回落後，KD 指標也再度

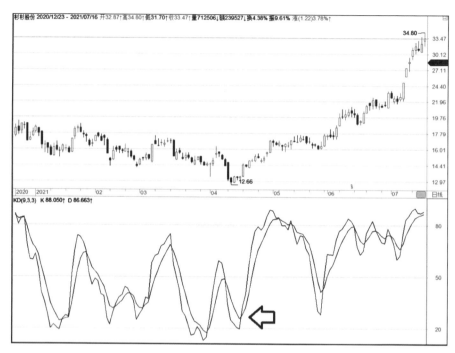

▲ 圖 3-6　杉杉股份 2021 年 4 月走勢

於低數值區間，形成第二個黃金交叉買點提示訊號。第二個黃金交叉與第一個黃金交叉相比屬於一種驗證，預示著股價後期上漲的可能性較大。

　　KD 指標形成第一個黃金交叉時，提示短線可能有介入的機會，形成第二個黃金交叉時便可以直接入場買進了。第二個黃金交叉的作用是驗證，驗證短線底部較大的可靠性。股價經過較長時間下跌後，一旦連續出現兩個 KD 指標黃金交叉買入訊號，就可以積極入場了。

　　圖 3-7 中，道氏技術的股價在主要下跌過程中，KD 指標始終保持著空頭排列的型態。在 KD 指標沒有回落至低數值區間前，不管價格如何波動都不宜入場做多。由於 KD 指標是短線性質的指標，因此，它所提示的交易機會是短線性質，提示的風險訊號也是短線性質。

▲ 圖 3-7　道氏技術 2021 年 4 月走勢

　　2021 年 3 月中旬下跌中途，KD 指標先後形成兩個黃金交叉，但是在形成這兩個黃金交叉後，股價繼續下跌使買點訊號失敗。雖然這次提示失敗，但從圖 3-7 中的 K 線型態來看，並不會造成太大的虧損。在 KD 指標形成的第二個黃金交叉時買進，在股價創新低或 KD 指標重新形成死亡交叉時停損，投資人絕不會出現大的虧損，而小虧則基本上不必理會，一筆交易就全部賺回來。

　　在第二個黃金交叉買點失敗後，絕對不可將第二個黃金交叉再與第三個黃金交叉做比較。在第二個黃金交叉失敗後，後期想再進行操作，需等待新的型態，也就是將第三個黃金交叉與第四個黃金交叉配對分析。

　　經過一個多月的下跌後，KD 指標重新形成黃金交叉買入訊號。在前兩

個黃金交叉失敗後，這個黃金交叉就是新的第一個黃金交叉了。它的出現提示投資人底部區間有可能到來，投資人應從此時開始密切留意股價的動向。經過短線再次下跌後，KD 指標形成第二個黃金交叉買入訊號。

連續兩個黃金交叉提示投資人：股價短線下跌的風險已經排除，此時應當積極入場操作。抄底雙槍買點形成以後，股價便在後期出現一輪連續上漲的行情，隨著獲利不斷擴大，就有了將短線單轉變為中長線單的機會。

圖 3-8 中，通威股份的股價在第二輪上漲行情開始前，出現一輪短線下跌的走勢。股價下跌促使 KD 指標線保持下降的趨勢，只要 KD 指標沒有回落到低數值區間，短線下跌的風險就不能排除。投資人如果在 KD 指標由高到低的回落過程中進行操作，將會非常危險。

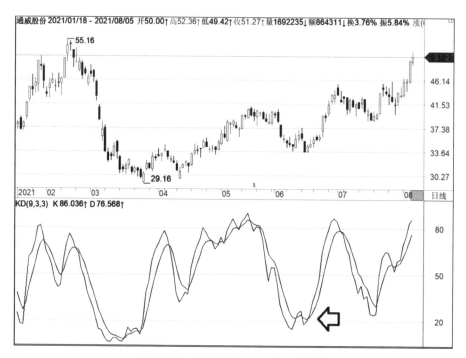

▲ 圖 3-8　通威股份 2021 年 8 月走勢

　　當股價經過短線較快的下跌以後，殺跌動能已經變得非常虛弱，這就使 KD 指標在低數值區間形成第一個黃金交叉訊號。KD 指標形成第一個黃金交叉買點時，由於股價的下降趨勢沒有完全結束，不宜過早入場操作。

　　隨著股價短線再次下跌，KD 指標又形成一個黃金交叉買入訊號，在時間相隔很短的情況下，KD 指標連續兩次提示投資人買入，足以證明股價短線底部的成立。

　　抄底雙槍買點訊號成立以後，股價便在後期出現一輪短線快速上漲的走勢。由此可見，正確使用 KD 指標可以成功掌握短線獲利的機會。雖然下跌走勢看似無章可循，但是只要利用技術指標做輔助，就很容易找到介入點。

　　圖 3-9 中，雙環傳動的股價在上漲中途，先後形成兩次抄底雙槍的走

▲ 圖 3-9　雙環傳動 2021 年 3 月走勢

勢。雖然股價所處位置不同，短線底部型態也不同（一次是水平的底部，一次是創新低的底部），但 KD 指標都及時發出一致的買入提示訊號。那麼，KD 指標的訊號有著怎樣的技術特點呢？

在第一輪大整理的下跌低點，KD 指標形成第一個黃金交叉訊號。由於這是下跌以來的第一個黃金交叉，最好採取謹慎的態度先不入場買進。股價在低點震盪幾天後，KD 指標再次形成黃金交叉訊號，驗證了第一個黃金交叉，在這種情況下就可以積極大膽地入場操作。

在下跌或整理的低點區間，先後兩個間隔時間不長的 KD 指標黃金交叉，往往都提示了很好的逢低入場的機會，不能輕易放過。

第二輪大整理的低點也是如此。D 指標回落到低數值區間後，先形成第一個黃金交叉，為穩妥起見此時依然不去操作。隨著股價再次短線破位，第二個黃金交叉買入訊號隨之出現，這個時候便可以大膽地操作。價格是否破位並不重要，重要的是 KD 指標在低數值區間，先後兩次形成的買入訊號往往可以促使股價形成上漲行情。

KD 指標到達低數值區間，發出價格下跌空間不大的訊號。在下跌空間不大的情況下，先後兩次形成的買入訊號，直接宣告下跌行情的結束、上漲行情的到來。此時入場就會抓住一波不錯的行情，即使型態失敗也只會產生很小的虧損。用較小的損失換取一輪行情，這難道不值得嗎？

滄州明珠在圖 3-10 中，形成一輪連續震盪上漲的行情，股價在上漲過程中低點不斷抬高，顯示多方力量明顯強於空方力量，多頭非常有節奏地、一步一個台階地控制著股價上漲。技術型態的規律性越明顯，投資人操作的難度就越小。

2021 年 6 月下旬股價短線下跌，KD 指標回落到低數值後，形成第一個黃金交叉。此時的黃金交叉可視為機會可能到來的訊號，要高度重視且不宜直接入場操作。又跌了一天後，股價開始快速上漲，在上漲前形成第二個黃金交叉。先後形成兩個黃金交叉，這是抄底雙槍的技術型態嗎？

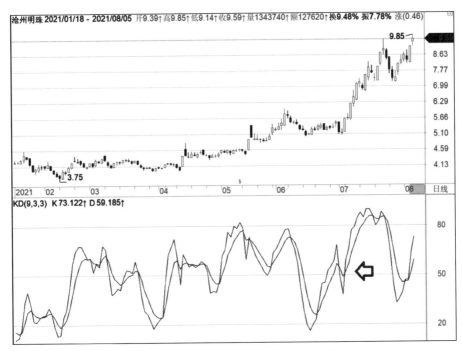

▲ 圖 3-10　滄州明珠 2021 年 6 月走勢

　　兩個黃金交叉的確是在股價同一波動區間形成的，它們之間有密切的聯繫。但比起上述幾個案例，此案例有一個很大的區別，那就是第二個黃金交叉距離第一個黃金交叉較遠，而不像前幾個案例中的黃金交叉基本上處在同一個水平位上。這種黃金交叉位置落差較大的型態，屬於不規則的型態，不宜操作。

　　首先，抄底雙槍要求兩個黃金交叉出現的時間不能間隔太久、位置落差不能太大。其次，第二個黃金交叉相比第一個黃金交叉，若能形成抬高的型態是最好的，當然，這一點不做硬性要求。最後，KD 指標先後形成的兩個黃金交叉一定要在低數值區間，否則股價沒有到達低位，短線的上漲空間就變小了。KD 指標數值越小，說明股價的下跌越充分，後市的機會就越好。

3-3
在「絕地反攻」的點位買入，短時間就有高獲利

MACD 指標可以準確地提示趨勢的方向，以及股價波動的力度。無論是中線操作還是短線操作，MACD 指標都可以及時發出操作提示，甚至可以在趨勢見底或見頂之前，發出方向轉變的訊號。因此在實戰操作時，一定要多參考 MACD 指標的提示訊號，以確保操作的準確性。

絕地反攻是利用 MACD 指標總結出的短線操作方法，該方法的買入點出現在股價整理完畢、新一輪上漲行情即將開始時。在這個位置買入，可以在很短的時間裡得到較高的獲利，直接搭上價格整理到位以後連續上漲的順風車。

圖 3-11 中，陽光電源的股價回落到底部以後，形成持續震盪上漲的走勢。一旦股價扭轉下降趨勢並形成明確的上升趨勢，投資人就要及時入場，能抓住底部機會的就去抄底；錯過抄底機會的，就要在上漲中途整理的過程中尋找低點，積極入場。

經過三小波持續上漲後，主力便開始打壓震倉。隨著股價波動重心短線快速下移，MACD 指標隨之形成死亡交叉的走勢。在常規操作中，一旦 MACD 指標形成死亡交叉，投資人就會賣出手中的股票規避風險，但此時賣出操作是錯誤的。

股價看似陷入了困境——股價短線快速下跌並且 MACD 指標形成死亡

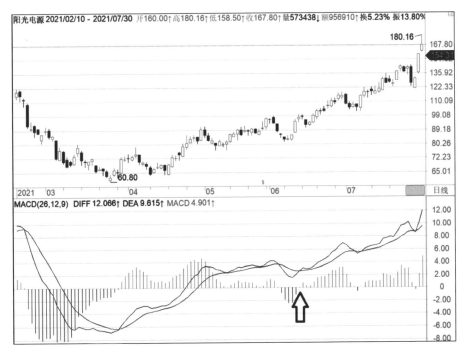

▲ 圖 3-11　陽光電源 2021 年 6 月走勢

交叉，但這是主力人為操作的結果。MACD 指標形成死亡交叉不久後重新形成了黃金交叉，這種走勢就是絕地反攻最明顯的技術特徵。

　　一旦 MACD 指標形成絕地反攻的走勢，投資人就要在 MACD 指標形成黃金交叉時及時買入股票，因為多方成功反擊後必然會乘勝追擊。從股價後期的波動也可以看到，MACD 指標形成絕地反攻買點後，股價再次展開一輪連續上漲。

　　圖 3-12 中，星源材質的股價一經見底便形成連續上漲的走勢。隨著股價上漲，MACD 指標及時發出黃金交叉的提示。對於沒有任何規律的黃金交叉，掌握不住買點是很正常的，畢竟不可能在所有黃金交叉形成時都入場。那麼，怎樣的黃金交叉才是有規律並值得操作的呢？

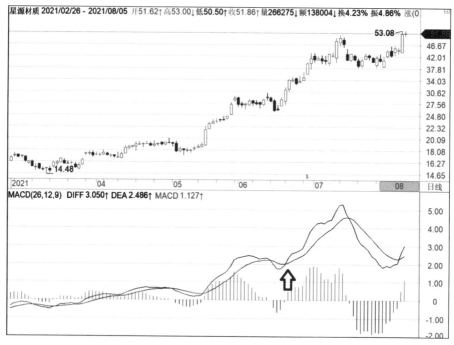

▲ 圖 3-12　星源材質 2021 年 6 月走勢

　　當股價有了一定漲幅後，主力便開始進行打壓操作。由於本次下跌力度相對較大，形成上升趨勢過程中力度最大的一次整理，MACD 指標形成死亡交叉的走勢。但是，此時的死亡交叉並不是真正的賣點，如果此時股價真要下跌，那麼早就連續收出陰線了。

　　MACD 指標形成死亡交叉後，很快重新形成黃金交叉。死亡交叉與黃金交叉之間間隔的時間非常短，這種型態就是絕地反攻最明顯的技術特徵。這就是最有規律的黃金交叉訊號，也是最值得操作的黃金交叉訊號。

　　在絕地反攻買點訊號出現後，星源材質的股價以更快的速度展開一輪上漲。在整理結束時發出買入訊號，正是絕地反攻的意義。既然整理已經結束，那麼無論股價上漲的力度有多大，就都是正常的了。

圖 3-13 中，上能電氣的股價在低位徘徊一段時間後，隨著 MACD 指標黃金交叉連續出現，終於形成持續上漲的走勢。MACD 指標的兩條指標線明確向上的型態，提示未來股價可靠的波動方向。一旦 MACD 指標明確形成上升趨勢，投資人要做的就是等待上漲中途出現好的介入時機，趕緊入場建倉。

股價創出新高以後，主力打壓震倉，股價隨之回落。短線的下跌使 MACD 指標同步形成死亡交叉，當 MACD 指標形成死亡交叉時，投資人一定要分析股價下跌的性質。

如果下跌的性質是主力資金出貨，投資人就要及時賣出手中的股票；如果下跌的性質只不過是主力打壓震倉，投資人就要繼續持有手中的股票。正

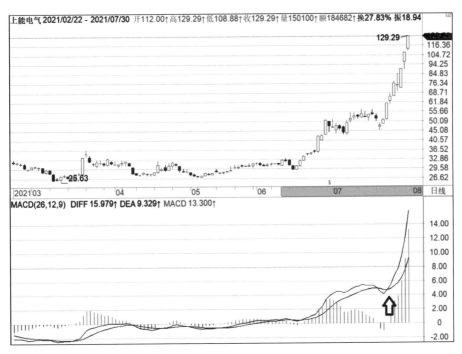

▲ 圖 3-13　上能電氣 2021 年 7 月走勢

是因為上能電氣股價下跌的性質屬於震倉，所以不必匆忙離場，可以暫時忍受一下股價此時短線的下跌。只要不是頂部，上漲就是必然的事情，只是時間的早晚而已。

MACD 指標形成死亡交叉後，很快又形成黃金交叉買點。MACD 指標在極短時間裡，經歷由死亡交叉轉變為黃金交叉的走勢，宣告絕地反攻買點成立。

MACD 指標的死亡交叉看似使股價波動陷入絕境，但是隨後股價快速的上漲化險為夷。在多方成功組織反擊時，投資人一定要及時在死亡交叉轉變為黃金交叉時買入，這是整理結束、上漲行情即將開始的起點。

圖 3-14 中，恩捷股份的股價形成底部後，受股價波動重心止跌的帶

▲ 圖 3-14　恩捷股份 2021 年 5 月走勢

動，MACD 指標於低位形成黃金交叉及明確的上升趨勢。雖然股價依然在低位區間保持震盪並未馬上上漲，但 MACD 指標堅定的上升趨勢，向投資人發出股價很有機會向上的訊號，這也就意味著應做好隨時入場操作的準備。

股價上漲過程中，主力總是會進行各式各樣的打壓震倉，以便使股價和技術指標形成令人恐懼的型態，才可以將低位買入的投資人嚇出去，從而抬高市場的平均持倉成本。許多投資人會在 MACD 指標形成死亡交叉時賣出股票，因此主力會專門打壓股價，使 MACD 指標形成死亡交叉，就能讓人產生離場迴避風險的想法。

因為上漲中途 MACD 指標形成的死亡交叉，並非因為資金出貨，所以當死亡交叉形成以後，股價會馬上展開新的上漲行情。隨著股價上漲，MACD 指標又會在很短的時間裡形成黃金交叉。在相隔時間很短的情況下，MACD 指標形成由死亡交叉轉變為黃金交叉的走勢，也就是絕地反攻買點的訊號。

這種訊號一旦出現就意味整理經徹底結束，主力準備加大力度拉抬股價。即使之前死亡交叉時賣出股票，當黃金交叉買入訊號重新形成時，也要果斷地再次入場，切不可丟掉此時難得的買入機會。

股價有時在 MACD 指標形成死亡交叉後連續下跌，而有的在死亡交叉形成後上漲，投資人如何在死亡交叉出現時，就準確判斷會不會形成黃金交叉呢？

答案就是，必須知道形成死亡交叉時股價下跌的性質是什麼，下跌的性質不同，會使死亡交叉形成後的走勢不同。只有股價下跌的性質是主力震倉時，才很有機會形成絕地反攻買點。那麼，投資人如何判斷當前股價的波動是不是主力震倉呢？

一方面，投資人要分析成交量的變化。如果股價在前期上漲時出現首次放量的現象，且在下跌時成交量急速萎縮，資金並沒有向場外撤離，那麼此

種下跌就是安全的,與之對應的MACD指標死亡交叉也就不會引發風險。

另一方面,投資人一定要分析股價的位置。如果死亡交叉形成後股價還能上漲,就意味著當前股價並不是頂部,而是上漲的中途;既然是上漲的中途,那麼股價現有的整體漲幅肯定不會太大;若是漲幅過大,主力有足夠的獲利空間,就會尋找機會變現收益。

圖3-15中,新強聯的股價在下跌結束後,形成震盪上行的走勢。第一次形成絕地反攻買點訊號時,股價僅處於上漲初期。這個點位別說主力巨大的資金了,就連一般投資人也不可能有太多獲利,因此這個位置絕不會是頂部,不在頂部的死亡交叉不是那麼危險。

第二次形成絕地反攻買點時,股價也僅經歷兩波上漲,就算第一波上漲

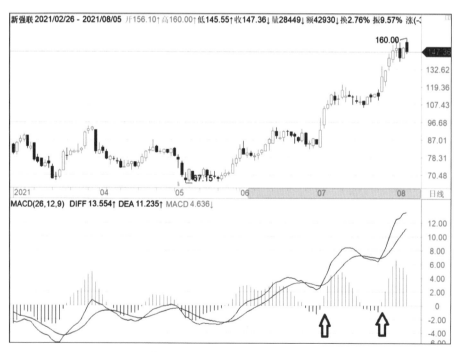

▲ 圖3-15　新強聯2021年7月走勢

過程中主力全部完成建倉，但第二波上漲的幅度並不大，主力雖然有獲利但並不算豐厚，因此這個點位形成頂部的可能性也不大。這種溫和震盪上漲的走勢很少有兩波就見頂的，兩波上漲就見頂的走勢，都是以股價短線大幅上漲為前提條件的。

　　MACD 指標形成死亡交叉後，投資人還不能入場，持倉的投資人如果能對股價定性，則可以在主力震倉時暫時忍耐、繼續持倉。只有在黃金交叉出現的情況下，場外投資人才可以入場建倉；黃金交叉不出現，整理便沒有結束，上漲行情就不會馬上展開。在黃金交叉形成時一定要注意，黃金交叉與死亡交叉之間間隔的時間越短，股價在後期上漲的穩定性就越高。

專家心法

絕地反攻是利用 MACD 指標總結出的短線操作方法，該方法的買入點出現在股價整理完畢、新一輪上漲行情即將開始時。

3-4
進階技巧:「龍抬頭」
形成時的買入訊號

　　學會絕地反攻買入方法後,投資人就可以進一步學習另一種變形買入方法了,稱為「龍抬頭」。龍抬頭也是利用 MACD 指標進行操作的短線買入方式,技術型態與絕地反攻相近,唯一的區別就在於:絕地反攻中 MACD 指標形成死亡交叉,而龍抬頭買點形成時 MACD 指標沒有形成死亡交叉。

　　龍抬頭買點形成時,MACD 指標的具體表現為:MACD 指標慢線始終保持上升的趨勢。但是指標快線因股價回落形成向下的走勢,且在馬上就要與慢線形成死亡交叉時,受到股價連續上漲的帶動,MACD 指標快線又再度上行。一旦 MACD 指標快線再次形成上行趨勢,龍抬頭買點就形成了,投資人就可以入場操作。

　　圖 3-16 中,多氟多的股價下跌到底部後,先後形成兩個黃金交叉買點訊號,一輪上漲行情隨之出現。隨著股價上漲,MACD 指標同步形成明確的上升趨勢,這就為投資人點明了未來可能走出的大方向。

　　股價維持一個月左右後,由於主力的打壓操作,短線再次出現整理走勢。陽線實體並不大,股價又老是漲漲跌跌,對於這種速度較慢的波動型態,投資人難免會產生換個強勢上漲個股的想法。那麼,對於這種上漲初期力度並不是很大且出現整理的走勢,該如何分析呢?

　　股價上漲的過程中,MACD 指標慢線始終保持著上升的趨勢,為投資

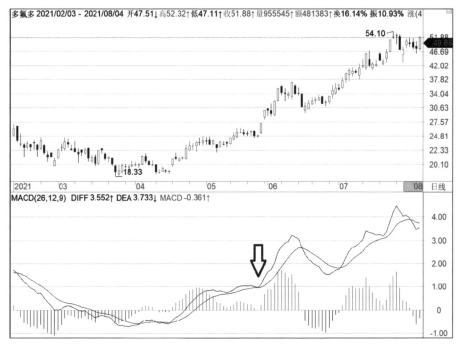

▲ 圖 3-16　多氟多 2021 年 5 月走勢

人提示後期股價穩定的大方向。隨著短線上漲停止、整理出現，指標快線形成向下勾頭的走勢，但並沒有與慢線形成死亡交叉，這說明盤中做多的力度大於做空的力度。

　　在快線與慢線將要形成死亡交叉時，股價突然起漲，隨著漲停大陽線出現，MACD 指標快速轉頭向上，這種技術型態就是龍抬頭的買入訊號。在快線向慢線靠近時，可能會出現死亡交叉使短線風險延續，因此此時不適合入場操作，而一旦快線又轉變成向上走勢，就意味著整理結束、新一輪上漲行情展開。

　　圖 3-17 中，百川股份的股價見底後走出一輪上漲行情，隨後形成整理走勢。從股價整理區間可以看到，MACD 指標先後形成兩個低點抬高的黃

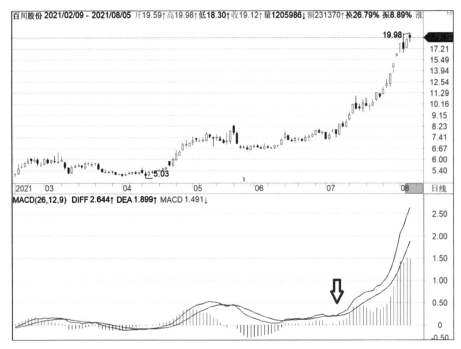

▲ 圖 3-17　百川股份 2021 年 7 月走勢

金交叉，這樣的技術型態意味著股價後期繼續上漲的機率很大。

　　整理結束，股價開始慢慢上漲，短線再度出現一次小幅整理走勢。由於第一波的上漲較為溫和，沒有出現大實體的陽線，股價整體漲幅不是很大，且整理區間波動重心下移的幅度也比較小，因此可以確定主力在這個區間出貨的可能性較小。如果沒有明顯的主力出貨跡象，那麼股價此時波動的安全性非常高。在此前提下若出現買點訊號，投資人就可以積極入場操作。

　　第二個抬高的黃金交叉形成後，在股價繼續小幅度整理的區間，MACD指標快線出現向下掉頭跡象，但是指標慢線的上升趨勢，提示投資人股價後期還將繼續上漲。快線雖然出現下降跡象，但是並沒有與慢線形成死亡交叉，說明多方當前依然佔據著絕對的控制地位。

　　如果 MACD 指標的快線與慢線沒有形成死亡交叉，就要高度重視股價的短線回落走勢，一旦 MACD 指標快線在沒形成死亡交叉前，重新形成上行趨勢，就意味著龍抬頭買點已經形成。在股價安全性較高的情況下，一旦買點形成，投資人就可以積極地入場操作，因為股價後期繼續上漲的可能性非常大。

　　MACD 指標有快、慢兩條趨勢線，短線操作的投資人是不是就沒必要關注慢線的型態了？為了從股價的波動中獲得更準確的多空訊號，投資人在使用 MACD 指標時，必須同時關注快線和慢線，從兩者的型態以及關係上尋找實戰操作必需的指示訊號。

　　圖 3-18 中，中毅達股價的主要上漲階段中，MACD 指標慢線始終保持

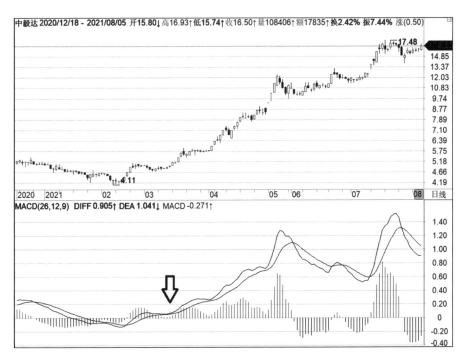

▲ 圖 3-18　中毅達 2021 年 3 月走勢

明確的上升趨勢。MACD 指標慢線的方向就是股價中長線的趨勢，在股價波動的大方向沒有發生改變的情況下，順勢做多將會獲利更高。在指標慢線不斷向上的過程中，該如何尋找上漲中途的買點？此時就需要借助 MACD 指標快線來同步分析了。

股價第一波上漲結束、開始整理時，指標快線隨著股價下跌出現下降的趨勢。雖然指標快線下行，但沒有與指標慢線形成死亡交叉，說明空方無力改變股價的波動趨勢。在指標快線快要接近慢線時，整理結束、股價再次起漲，又將指標快線拉起並重新形成向上的趨勢。

MACD 指標線的此種變化型態，正是龍抬頭買點的特徵。股價上漲過程中一旦見到龍抬頭買點，投資人就要積極入場，因為這是整理結束、新一輪上漲行情開始的訊號。

圖 3-19 中，遠興能源的股價見底後，形成第一輪快速上漲行情，連續的漲停一下子就把股價的活躍性激發出來。強大的多頭力量，也使股價後期的整理始終保持橫盤狀態。面對這種整理而不跌的走勢一定要意識到，股價後期還將進一步上漲。

股價創出新高後出現整理走勢，股價暫時停滯導致 MACD 指標快線形成下降的趨勢。雖然指標快線掉頭向下，但 MACD 指標慢線明確的上升趨勢，提示投資人中長線的趨勢依然向上。再加上股價此時的整體漲幅並不是很大，主力沒有獲得豐厚的利潤以及出貨的條件，因此股價在這個區域無論怎樣波動都是安全的。既然 MACD 指標慢線依然向上，那麼對快線暫時性的向下就不必太過重視。

經過幾天整理，股價再次形成上升的趨勢。受到上升趨勢的帶動，MACD 指標快線再度形成向上走勢，龍抬頭買點到來意味著整理結束、新一輪上漲行情開始。從這個點位介入，恰好可以及時抓住股價後期持續上漲帶來的獲利機會。快線與慢線幾乎形成死亡交叉，但最終兩條指標線雙雙抬頭向上，這就是龍抬頭買點的技術特徵。

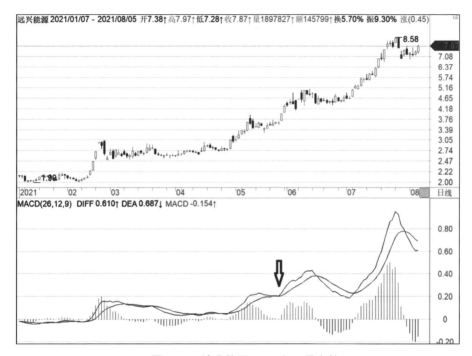

▲ 圖 3-19　遠興能源 2021 年 5 月走勢

　　斯萊克的股價在圖 3-20 中，形成一輪震盪上行的走勢。面對這種連綿不斷的上漲走勢，該如何在整理出現時及時抓住機會呢？畢竟投資人總是會因為種種原因，錯過低位買入的機會，想要實現獲利就必須懂得在上漲中途選擇好的時機入場。在這種情況下，一定要參考 MACD 指標的提示訊號。

　　很多股票在上漲的過程中都會出現整理走勢，只要整理不具備頂部的特徵，投資人就可以借機逢低建倉。斯萊克的股價在上漲的過程中，形成一次絕地反攻的買點訊號：MACD 指標受股價整理的影響形成死亡交叉，但在很短的時間內又重新形成黃金交叉。黃金交叉就是買點，在這個位置進行操作，能夠立即捕捉股價的下一波上漲。

　　股價進一步上漲後再次出現整理，這次 MACD 指標快線雖然又出現向

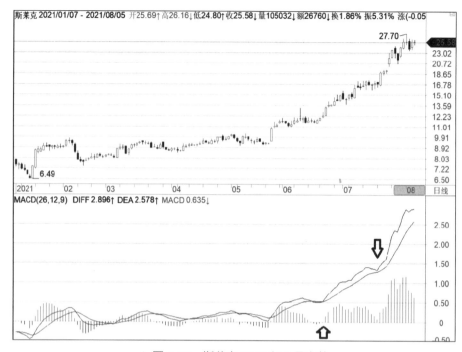

▲ 圖 3-20　斯萊克 2021 年 7 月走勢

下拐的跡象,但並沒有像上一次一樣與指標慢線形成死亡交叉,而是在兩者將要接觸到時,受股價上漲的帶動重新向上。這種馬上就要形成死亡交叉,卻又重新雙雙向上的走勢,就是龍抬頭買點訊號,在這個位置操作,同樣可以捕捉到股價一輪上漲行情的起點。

股價的整理有大力度、中等力度,也有小力度的,龍抬頭捕捉到的就是那些小力度的整理走勢。這類整理往往股價回落的幅度很小,想在低點買入的願望大多會落空,只有利用龍抬頭買點才可以抓住好時機。因此不管股價如何整理,只要有應對策略,無論什麼樣的機會都可以抓住。

3-5
用移動平均線找到
「鞭打快牛」型態

　　分析實戰過程時，很多投資人喜歡參考移動平均線。從某種意義上來說，移動平均線代表市場的平均持倉情況，因此可以準確地提示支撐位與壓力位。同時，移動平均線還可以在股價波動時提示較為穩定的趨勢。一個指標具備多種訊號提示功能，投資人喜歡使用它來分析與操作是很正常的。

　　本節將為讀者講解移動平均線提示的一種買點——鞭打快牛。如果股價形成明確的上升趨勢，同時各條移動平均線都同步形成上升趨勢，那麼當盤中出現整理走勢時，如果整理低點回落到 5 日或 10 日移動平均線附近，並且在得到支撐以後再度展開快速上漲的走勢，那麼這種技術型態就被稱為「鞭打快牛」。

　　移動平均線就像鞭子一樣，股價只要靠近便會將它抽打上去。5 日移動平均線有支撐作用是最好的；若不能，10 日移動平均線必須產生強大的支撐作用。產生支撐作用的移動平均線週期越短，對股價後期上漲的促進就越強。

　　圖 3-21 中，西藏礦業的股價經過一番低位震盪後，展開一輪連續上漲的走勢。上漲過程中大實體陽線不斷出現，說明主力實力非常強。跟莊就要跟主力，而主力最明顯的特徵就是非常容易拉出漲停板。因此，一定要多多留意這種遍地都是漲停板的個股，隨時準備捕捉各種性質的買點。

　　在股價上漲的過程中，總是會出現各式各樣的整理走勢。每當整理走勢出現，就是一次難得的中途買入機會。那麼，該如何利用移動平均線找到買點呢？從圖 3-21 可以看到，股價上漲過程中出現多次整理走勢，但整理的低點到 5 日或 10 日移動平均線處時，就會受到支撐停止短線下跌，並重新轉為上漲。

　　這種走勢就好像停下了前進的腳步的牛隻，被皮鞭抽打後再度揚蹄狂奔一般。當股價與移動平均線形成鞭打快牛型態時，投資人一定要在股價受到支撐的位置買入，或是在股價受到支撐再度上漲時積極建倉。

　　圖 3-22 中，北方稀土的股價在低位形成左高右低的 W 底型態後，出現一輪快速上漲的走勢，上漲過程中，漲停大陽線不斷出現。試想，若沒有大

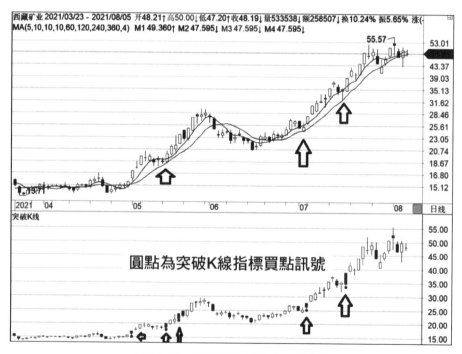

▲ 圖 3-21　西藏礦業 2021 年 7 月走勢

量主力資金積極入場運作，股價怎麼可能表現得如此強勁？因此，對於這種強勢特徵明顯的個股，投資人一定要根據各種買入訊號的提示，積極入場做多。

　　在股價上漲過程中，除了突破 K 線指標買點能多次提示短線追漲的買點，還有什麼方法可以找到好的買點呢？此時，投資人需要參考移動平均線，使用鞭打快牛的方法操作。能夠形成鞭打快牛買點的個股，必然是盤中上漲力度最大的那類股票，只有操作這類個股，才能在最短的時間獲得最大的收益。

　　股價在上漲過程中出現兩次整理的走勢，每次整理低點到達 5 日或是10 日移動平均線處時，都會獲得均線支撐且再度展開新一輪的上漲行情。

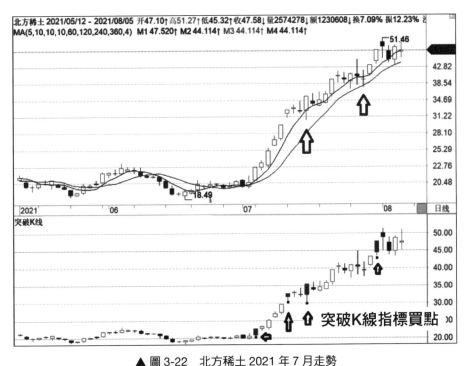

▲ 圖 3-22　北方稀土 2021 年 7 月走勢

只要均線的鞭子抽在了「牛屁股」（整理低點）上，大幅度的上漲行情便會延續。投資人只要發現這種走勢，就可以在整理低點積極做多；若股價上漲速度較快，則可以在股價受到支撐上漲時及時跟進。

圖 3-23 中，長川科技的股價在強勢上漲過程中，上升趨勢非常堅定，沒有出現較大幅度的整理。面對這種不斷上漲的股票，投資人除了使用突破 K 線指標買點這種短線追強勢股的指標操作外，還可以利用鞭打快牛的型態鎖定買點。

股價上漲的過程中，雖然沒有出現幅度較深的整理走勢，但是當股價連續收出陽線後便會出現整理的陰線，這些整理陰線對就是最好的買入機會。從圖 3-23 中可以看到，股價在整理時，回落的低點恰好達到 5 日或 10 日移

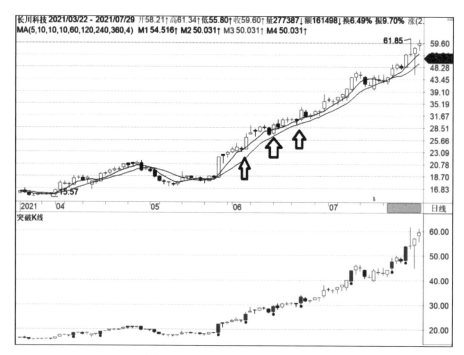

▲ 圖 3-23　長川科技 2021 年 6 月走勢

動平均線。移動平均線對股價發揮強大支撐作用，新一輪的上漲行情會再次
出現。

　　股價整理並不可怕，只要能得到移動平均線的支撐，投資人就可以放心
大膽地操作。鞭子不停抽打，股價就會不斷上漲，具體分析時，股價在 5 日
移動平均線處止跌，比在 10 日移動平均線處止跌更好，發揮支撐作用的移
動平均線週期越短，股價後期上漲的力度便會越大。

　　如果不確定股價到底是在 5 日移動平均線處還是在 10 日移動平均線處
止跌，也可以不在支撐低點處操作，而是等股價重新上漲時及時跟進。如此
既可以避免股價進一步回落的風險，還可以在上漲初期及時捕捉機會。

　　圖 3-24 中，湖北宜化的股價形成震盪上漲走勢，每次整理的回落幅度

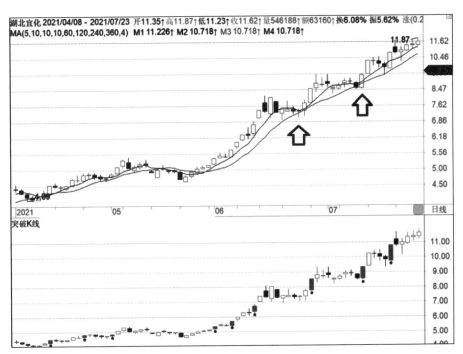

▲ 圖 3-24　湖北宜化 2021 年 6 月至 7 月走勢

都不大。尤其是主升段階段，連 10 日移動平均線都沒有跌破過，因此想在低點逢低做多註定落空。面對這種行情時，該如何捕捉買點呢？各位讀者可以使用鞭打快牛的方法，尋找強勢整理型態的買入機會。

股價在主升段出現三次強勢整理走勢，雖然整理位置各不相同，但有明顯的共同點：每次整理的幅度都非常小。整理幅度越小，說明多方力量越大，因此股價在後期上漲的可能性非常大。較小的整理幅度，使股價每次回落到 10 日移動平均線處時，都受到移動平均線的強大支撐，而後形成短線上漲的走勢。

由此可以看出股價波動的規律：碰到整理幅度小的型態，只要 10 日移動平均線對股價形成支撐，就可以大膽入場做多。若是支撐有效，就可以在短線獲得非常不錯的收益；若型態失敗，只要提前制定好合理的停損點位，就只會帶來較小的虧損。用小的虧損換取大的獲利，這一定是值得的。

不管是 5 日還是 10 日移動平均線，都是短週期均線，可以代表市場最高的成本所在。支撐位越高，股價後期的上漲也就越快，而是誰這麼迫不及待地想要拉升股價？自然是潛身其中實力強大的主力。

聯創股份在圖 3-25 中，出現一輪短線大幅上漲的走勢。在股價上漲的起點，突破 K 線指標買點可及時提示投資人買點到來，並且在股價上漲的中途再次發出買入提示。由於突破 K 線指標買點，是一種強勢追漲型的買入指標，不一定所有投資人都喜歡使用。那麼如果想在股價強勢上漲中途的整理低點處操作，該如何確定買點呢？

只要股價上漲力度大、整理幅度小，投資人就可以在股價上漲的過程使用鞭打快牛買入法操作。從圖 3-25 來看，股價上漲的過程中出現多次整理走勢，這些整理都是以一根陰線就完成整理的形式出現，因此想在更低的點位買進是無法實現的。

從圖 3-25 來看，股價在短線整理時，整理的低點都受到 5 日移動平均線的支撐，5 日移動平均線鞭子一抽股價就會上漲。因此只要見到股價低點

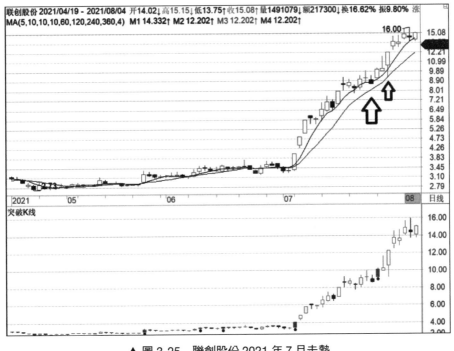

▲ 圖 3-25　聯創股份 2021 年 7 月走勢

靠近 5 日或 10 日移動平均線，就要密切留意整理低點的買入機會。

　　一旦股價在上漲過程形成鞭打快牛的走勢，就要在股價受到支撐的位置及時買入。不要總想著萬一沒撐住怎麼辦，只要提前制定好嚴格的停損規矩，就要堅信可以用小虧換得大賺。如果在移動平均線支撐的低點真的不敢買，也不必勉強自己，可以耐心等待有上漲跡象時再買入。這樣一來，不僅在低點有買進的機會，股價恢復上漲時也有買進的機會，只要股價後期能上漲。

3-6

用「不死鳳凰」型態，
識破主力震倉圈套

　　移動平均線對股價有支撐作用，但主力震倉時有時會將股價打落至移動平均線下方。由於此時股價跌破移動平均線，會給人一種支撐失效的印象，因此必然有很多投資人會在股價跌破移動平均線時停損，而中主力震倉的圈套。

　　主力震倉時股價不是在真正的頂部，主力也沒有出貨意願，只是為了讓低成本投資人出局、高成本投資人接盤，從而提高市場的整體平均持倉成本，與主力的持倉成本拉開距離。只要股價不是在頂部位置便會在後期繼續上漲，因此股價跌破移動平均線時不僅不用擔心，而且要密切留意是否有可能形成不死鳳凰買點型態。

　　不死鳳凰買點，是指股價短線跌破 5 日或 10 日移動平均線，但隨後很快上漲到最高的那條移動平均線上方。最高的那條移動平均線大多是 5 日移動平均線，也可能是 10 日移動平均線。

　　圖 3-26 中，鳳形股份的股價下跌到底部後，先走出一波緩慢的上漲，而後便開始大力度的上漲。大實體陽線意味著主力向投資人發出「我就在這裡」的訊號，若沒有主力資金的積極操作，股價又哪來的強勁上漲動力呢？

　　上漲到中途，主力開始打壓震倉的操作：一根大實體陰線從天而降，明確跌破 5 日和 10 日移動平均線。當破位走勢出現時，必然有很多投資人進

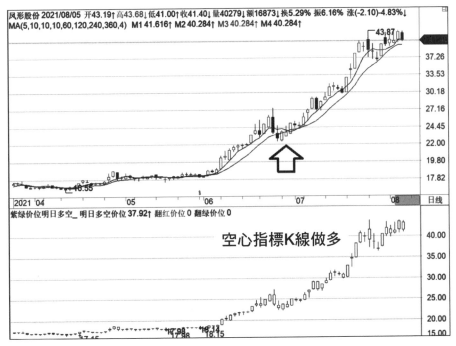

▲ 圖 3-26　鳳形股份 2021 年 6 月走勢

行停損的操作，因為 5 日和 10 日移動平均線既可以提示買點，也可以作為停損點幫助投資人迴避風險。但是，股價跌破 5 日和 10 日移動平均線後，立即呈現快速上漲的走勢，被陽線收復了「失地」。這種破位後又馬上復位的走勢，就是不死鳳凰買點最明顯的技術特徵。

不死鳳凰買點往往出現在股價上漲的中途，股價看似跌破移動平均線，趨勢將有所轉變，但馬上就會有陽線來拯救股價，使股價重新回到移動平均線上方。只要股價站在最高的移動平均線上方，就可以進行買入操作。股價止跌意味著整理結束及上漲延續，從這個點位介入自然可以獲得不菲的收益。

圖 3-26 中展示了筆者發明的趨勢監控指標。當股價上漲時，趨勢監控

指標會及時轉變為空心的型態提示投資人做多，並且在股價持續上漲的過程
中一直保持空心狀態；一旦對應的賣點到來，空心指標就會轉成實心型態提
示投資人注意迴避風險。

　　圖 3-27 中，斯達半導股價見底後便出現連續震盪上行的走勢。其實，
股價上漲過程中的震盪次數越多越好，因為投資人中途介入的機會非常多，
完全不用擔心錯過行情。從圖中的走勢來看，無論上漲初期還是上漲中期，
都有許多次買入機會，只要投資人掌握正確的操盤技術，獲利就會變得非常
簡單。

　　在股價上漲初期，由於主力建倉時需要控制成本，因此股價整理的時間
略長，沒有形成標準的不死鳳凰買點。但當股價擺脫主力的持倉成本區間

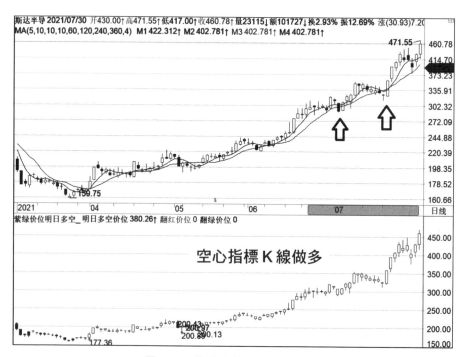

▲ 圖 3-27　斯達半導 2021 年 7 月走勢

後，由於主力急切地想要拉升股價，因此當整理出現時，股價回落的時間就短了很多。

從圖 3-27 中可以看到，當斯達半導上漲中期出現整理走勢時，股價明確跌破 5 日和 10 日移動平均線。但破位走勢形成後，股價並沒有繼續下跌，而是拉出一根陽線重新站回兩條移動平均線的上方，這根大陽線就被稱為「不死鳳凰」。

股價破位看似多方已無力維持上升趨勢，但這是一種假象，主力就是要經由股價的下跌，迫使那些低成本的獲利盤出局，一旦達到震倉目的，便會再度發動上漲行情。當陽線重新向上突破移動平均線、挽救上升趨勢時，就要在股價向上穿越最高的那條移動平均線時積極下單。

圖 3-28 中，晶澳科技的股價下跌結束後，便展開一輪連續上漲的行情。在股價上漲過程中，出現多次各種型態的整理。雖然整理次數的增多減緩股價上漲速度，但比起那些上漲迅猛、中途沒有介入點的走勢來說，這種震盪上漲的型態帶來多次中途入場的機會，豈不是更好？

股價經過一段時間上漲後，出現整理走勢。隨著陰線出現，5 日和 10 日移動平均線被跌破。當破位走勢出現時，投資人不能一味地恐慌，而是要細心分析股價下跌的性質。股價第一次下跌前整體漲幅並不大，此時主力既要建倉、又要拉高、還要出貨，空間顯然是不夠的，主力是不會在還沒有賺錢時出貨的。因此，在第一次整理的點位形成頂部的可能性非常小，只要資金沒有空間出貨，股價就還會上漲。

股價跌破兩條移動平均線後並未繼續下跌，而是快速向上穿越兩條移動平均線。一旦股價在很短的時間裡，形成由破位轉為再度位於移動平均線上方的走勢，就說明不死鳳凰買點形成。如果主力已經出貨完畢，那麼股價跌破移動平均線後應該繼續下跌才對，但股價又出現快速上漲。主力既然不願意讓股價下跌，就是希望股價繼續上漲，跌破移動平均線只是一次「假摔」，所以在假動作結束、真上漲形成時就要及時入場做多。

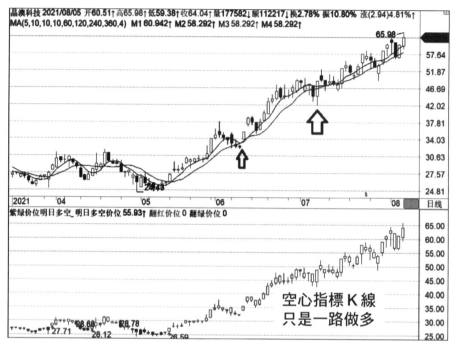

▲ 圖 3-28　晶澳科技 2021 年 7 月走勢

　　圖 3-29 中，陝鼓動力的股價在底部形成左低右高的 W 底型態後，出現一輪上漲行情。從圖中可以看到，陝鼓動力的 W 底型態非常標準。技術型態越標準，越有利於股價的進一步上漲，因為完美的技術型態意味著各路資金達成共識。

　　突破頸線後的整理有一點嚇人，因為直接收出一根大實體的陰線，且這根大陰線一下子就跌破 5 日和 10 日移動平均線。面對這樣快速破位的走勢，必然有大量投資人因為恐慌而出局。但此時的破位是資金出貨的訊號嗎？

　　並不是，因為在股價快速下跌時，股價整體的漲幅並不大，主力怎麼可能在獲利很小的情況下出貨呢？從股價的位置便能看出，頂部不應在此，既

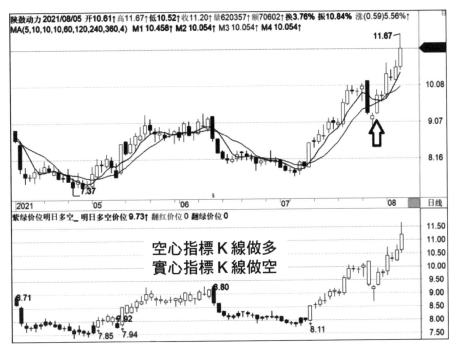

陝鼓动力 2021/08/05 开10.61↑ 高11.67↑ 低10.52↑ 收11.20↑ 量620357↑ 额70602↑ 换3.76% 振10.84% 涨(0.59)5.56%↑
MA(5,10,10,10,60,120,240,360,4) M1 10.458↑ M2 10.054↑ M3 10.054↑ M4 10.054↑

紫绿价位明日多空_ 明日多空价位 9.73↑ 翻红价位 0 翻绿价位 0

空心指標 K 線做多
實心指標 K 線做空

▲ 圖 3-29　陝鼓動力 2021 年 7 月走勢

然股價不是頂部，那麼後期就還有上漲的機會。

果然，股價跌破移動平均線後，在很短的時間裡就展開快速上漲的行情，陽線很快再度處於移動平均線的上方。一旦股價的走勢化險為夷，投資人就要在股價向上突破最上方的移動平均線時堅決買入。尤其在趨勢監控指標保持空心狀態的情況下操作，成功的可能性更大。

圖 3-30 中，天齊鋰業的股價在見底後的上漲過程中，出現多次整理走勢。有的整理幅度很小，可以使用鞭打快牛的方法操作；有的整理幅度較大，此時有大好的機會在更低的點位入場操作；還有的整理雖然跌破移動平均線，但沒有大幅下跌。面對這種移動平均線支撐失效，但又總是跌不下去的整理走勢，該如何操作呢？

從圖 3-30 中的箭頭標注處可以看到，隨著陰線出現，股價低點明確跌破 5 日與 10 日移動平均線。均線的支撐作用遭到破壞，這是不是趨勢將要轉變的訊號呢？此時不能完全排除這種情況，無法判斷主力是否有出貨跡象時，在跌破移動平均線時進行停損操作是應當提倡的，因為可以有效地規避風險。

當然，若是經由分析成交量，發現主力操作意圖清晰、沒有任何出貨跡象，則不必過分擔心，可以把停損位放寬一些，以扛住主力震倉的干擾。

如果主力沒有出貨只是一次普通的震倉，那麼股價就不可能跌下去，否則豈不是讓場外資金撿了便宜？如果是主力震倉操作，那麼股價跌破移動平均線後，就會在很短的時間內重新站到兩條移動平均線的上方。正如圖3-30

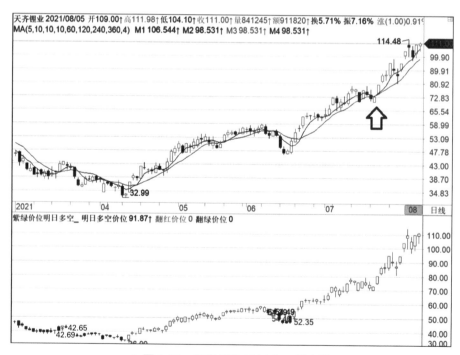

▲ 圖 3-30　天齊鋰業 2021 年 7 月走勢

所示的走勢，股價跌破兩條移動平均線後，只整理一天又重新站回移動平均線上方。股價在跌破移動平均線後又快速收復「失地」，這種走勢正是不死鳳凰最明顯的技術特徵。

　　不死鳳凰的買點，就在股價向上突破最上邊那條移動平均線時。這個買入點位非常具體，很容易做出判斷。投資人可以提前設置預警，只要股價沒有直接高開過這個點位，投資人就有足夠的時間買入，並成功地抓住後期股價上漲帶來的獲利機會。

專家心法

不死鳳凰買點，是指股價短線跌破 5 日或 10 日移動平均線，但隨後很快上漲到最高的那條移動平均線上方。

3-7
用布林通道，
判斷出真正的強勢買點

　　什麼樣的股票能為投資人帶來最大獲利？很顯然，就是那些強勢上漲的個股。但很多人十分困惑，什麼樣的走勢才算強勢，股價波動強弱的標準如何確定？

　　誰強誰弱，投資人可以參考布林通道指標做判斷。使用布林通道時，一般會參考上軌的壓力作用，一旦布林通道指標上軌對股價產生壓力，就會考慮賣出。對於弱勢個股這樣做沒有問題，但強勢個股並不會受布林通道上軌壓力的影響，而是會頂住壓力、輕鬆向上突破，把壓力轉變為支撐。

　　因此，區分個股波動是強還是弱，只要查看一下個股的K線能否突破布林通道指標上軌的壓力就可以了。因為布林通道上軌在股價波動過程中是重要的壓力位，只有在資金積極推動、形成大力度上攻走勢時，才可以被突破。只要K線突破布林通道指標上軌壓力，就表示強勢波動形成，投資人也就可以在此點位入場做多。如果股價強勢上漲，能獲得巨大的收益，即使沒有強勢衝高，也僅會產生小幅度虧損，依然是一次用小虧換大賺的操作。

　　國民技術在圖3-31中出現一輪持續上漲行情，上漲過程中大實體陽線不斷出現，說明潛身其中的主力資金實力非常雄厚，使股價在整理過程中回落的幅度非常小，整體上漲型態比較單一，這種類型的個股操作起來難度非常小。

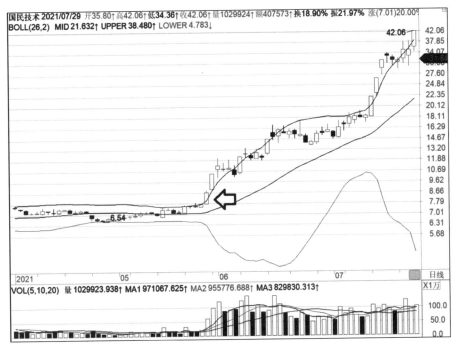

▲ 圖 3-31 國民技術 2021 年 6 月走勢

對於這種上漲勢頭非常迅猛的個股，如何在強勢上漲初期就抓住機會呢？要知道面對強勢個股，早買入一天就可能多賺 10%，入場越早、獲利越高。很多時候強勢個股的上漲都是突發的，事先沒有明顯的技術徵兆，說漲就漲。常規方法是只能買在股價看不出來強勢的底部，或是上漲中途的整理中。想要捕捉上漲初期的機會，只能使用一些非常規的方法，如強勢買點技巧。

上圖中，國民技術的股價上漲初期，在成交量放大的推動下，強勢突破布林通道指標上軌的壓力，且將上軌的壓力踩在腳下，變成上漲時的支撐，表示這檔股票具備強勢特徵。只要具備強勢特徵，股價就有可能延續強勢。因此，在股價向上突破布林通道指標上軌的那一刻，就可以及時入場，一旦

183

個股繼續放量上攻，短期內就可以輕易獲得不菲的收益。

圖 3-32 中，永太科技的股價見底橫盤一段時間後，便展開快速上漲行情，上漲過程常出現漲停大陽線，短短 3 個月就給投資人帶來 3 倍的巨大獲利。但上漲初期股價翻倍過程中，股價整理的幅度很小，這就意味著留給投資人買入的機會很少。那麼該如何在上漲初期，就把握住這種強勢個股呢？

個股在常態波動的絕大多數時間裡，K 線都會在布林通道內運行，如果沒有形成強勢特徵，K 線是不會跑到通道之外的。一旦有資金入場積極做多，個股就會迅速向上突破布林通道指標上軌的壓力，並將壓力轉為支撐，從而強有力地上漲。因此，可以利用這一技術特徵找到那些強勢個股，並在它們剛剛進入強勢狀態時操作。

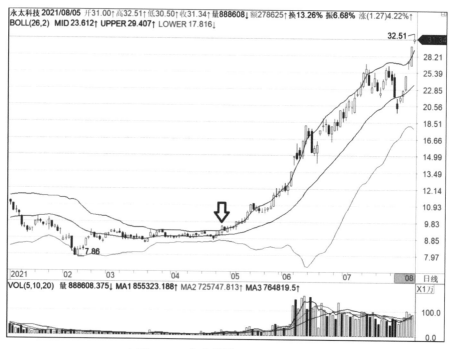

▲ 圖 3-32　永太科技 2021 年 4 月走勢

　　從圖 3-32 可以看出，股價突破低位橫盤震盪區間時，一根實體大陽線明確向上突破布林通道指標上軌的壓力，意味著股價的波動具備強勢的特徵，再加上成交量溫和放大，說明資金已做好準備。

　　此時，投資者只需要看一下左上角布林通道指標上軌的數值，然後以高於該數值的價格入場買進，就可以抓住後期股價持續上漲的大好行情了。在股價突破布林通道指標上軌時買進，只要股價不向下跌破中軌的支撐，就可以大膽持股。

　　精達股份的股價在圖 3-33 中出現一輪震盪上漲。股價每上漲一定幅度，便會留下低點介入的機會，雖然出現幾次有規模的整理，但並未影響股價強勁上漲的勢頭。這種強勢與規律性整理並存的個股，對空倉的投資人來

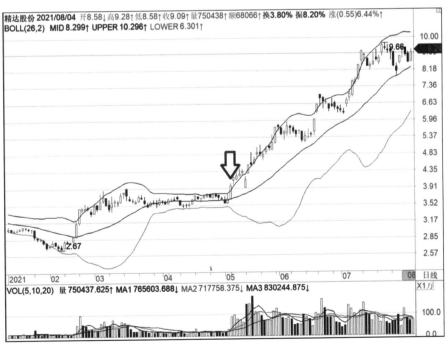

▲ 圖 3-33　精達股份 2021 年 5 月走勢

說，隨時可以把握入場的機會；對持倉的投資人來說，也沒有影響獲利的速度。

還有什麼方法可以捕捉獲利的機會呢？從圖 3-33 中可以看到，股價上漲中期，一根溫和放量的陽線向上突破布林通道上軌的壓力，意味著股價將進入強勢上漲階段，此時可以大膽入場。

雖然當天介入的點位可能處於高位，帶有一定追漲成分，但一定要注意，這並不是追高操作，而是去追股價強勢上漲的機會。當天所謂的「高位」對於股價後期的強勢上漲來說，就是上漲行情啟動前理想的低點了。在 K 線突破布林通道指標上軌時買進，在跌破中軌時停損，用很小的虧損換取一個大波段，不正是投資人一致追求的目標嗎？

如圖 3-34，金辰股份的股價在下跌過程中，每次觸及布林通道指標中軌或上軌時，都會受到強大的壓力而回落。只要布林通道指標的壓力作用始終存在，股價就不會強勁上漲。因此，想要抓住好機會，就必須在股價有能力克服掉壓力後再入場操作。

經過一段時間的弱勢震盪後，股價在成交量放大的推動下，形成明確的向上突破布林通道指標上軌的走勢。一旦 K 線的收盤價位於布林通道上軌以上，就意味著股價的波動性質將從此由弱轉強。在股價形成強勢狀態時，又豈有不入場操作的理由？當股價臨近布林通道指標上軌時一定要盯牢，一旦股價向上越過布林通道指標上軌，就可以買進了。

最佳的買入價格就是上軌價格，但若股價距離上軌的差值不是很大，則可以在臨近的任意價格處買進。當然，額外增加的差值意味著停損時會多虧損一些。

金辰股份的股價向上突破布林通道指標上軌後，並沒有馬上起漲，而是在短線又進行一次整理。面對這樣的走勢不必過於擔心，只需盯住布林通道指標中軌的停損位就可以。只要中軌的支撐能夠產生作用，股價後期就會繼續上漲。強勢並不意味著股價不能整理，合理的整理反而會促使股價起漲。

▲ 圖 3-34　金辰股份 2021 年 4 月走勢

　　全志科技在圖 3-35 中出現兩次上漲行情，第一次上漲時，上來就是一根漲停大陽線，開盤價接近布林通道指標上軌的阻力位，而後輕鬆地將其越過。突破壓力的表現如此強勁，後期的走勢也不會弱到哪兒去。因此，在股價突破布林通道指標上軌的那一刻，就應當及時地入場買進。

　　第一輪上漲行情結束並經過一段時間整理後，股價再度展開上漲行情。這次上漲與第一次完全一樣，又是一根大實體陽線向上突破布林通道指標上軌的壓力。

　　一旦壓力轉變為支撐，就更能促使股價上漲。如果第一輪強勢上漲行情中，因為漲停太過突然沒抓住機會，那麼在第二輪股價正常連續上漲的行情下，一定要及時在股價向上突破布林通道指標上軌時入場買進。

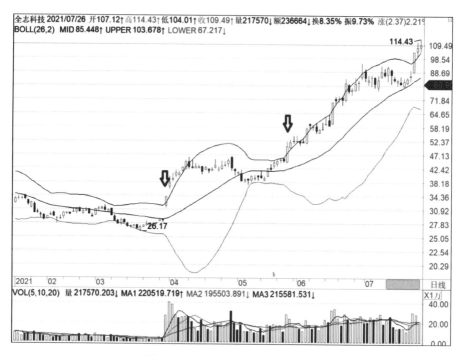

▲ 圖 3-35　全志科技 2021 年 5 月走勢

　　在強勢買點形成時買進,而後用布林通道指標中軌進行停損,這麼做的好處是可以選擇停損小的型態操作。買點距離中軌太遠,意味著停損較大,那就放棄操作,只在兩者距離較近時才交易。這樣一來,虧損永遠是小的,就算只是一波普通的行情,也足以產生較大的盈虧比。

3-8
利用布林通道的「收口型態」，看到上漲中的買入機會

　　股價形成上漲走勢時，對於持倉的投資人來說是獲利的大好時機；而對於場外的投資人來說，除了追漲，沒有好的介入機會了。想要介入，只能在股價出現整理走勢後再操作。而整理的型態種類很多，不同型態對應著不同的操作手法，對於有經驗的投資人來說也許並不是難事，但對於經驗不多的投資人來說，就難以應對了。

　　有沒有簡單有效的方法，可以輕鬆識別上漲中途好的介入區間呢？其實，投資人只需要留意布林通道指標是否形成收口型態就可以，好的入場區間就藏在布林通道指標的收口型態中。

　　股價上漲過程中，布林通道指標上軌與下軌往往呈現張口的型態，股價波動幅度越大，上軌與下軌之間的距離就越大，這是持倉的大好時機。只要不見布林通道指標有收口的跡象，就可以耐心持倉。而一旦上軌與下軌不斷靠近，股價的波動幅度就會收斂，上軌與下軌離得越近，股價的波動幅度也就越小，這就是收口型態。

　　在股價上漲的初中期階段，收口型態意味著上漲暫停。經過一段時間整理，股價必然會再度進入活躍波動區間，上軌與下軌將會形成「張口─收口─張口─收口」的循環。因此，將收口型態視為機會到來的訊號，是非常合適的，並且在收口區間找機會逢低介入，也是非常不錯的操作思路。

圖 3-36 中，全志科技的股價在見底後，直接走出一輪大力度的上漲行情。股價強勁上漲時，成交量也出現明顯的放大跡象。由於此時的放量出現在長時間的縮量後，因此可以確定這是主力大力度建倉的訊號，首次放量可以讓投資人輕易計算出主力的建倉成本價位。

一輪短線快速上漲結束後，股價出現長時間的整理。由於波動幅度明顯減小，因此布林通道指標上軌形成向下的走勢，而下軌形成了向上的走勢，上軌與下軌之間的距離不斷減小。這種技術型態就是布林通道指標的收口型態。

收口必然對應著整理的走勢，投資人無須在意是小整理還是大整理，只要通道收口，就意味著這個區間存在逢低介入的機會。收口到極限之後，上

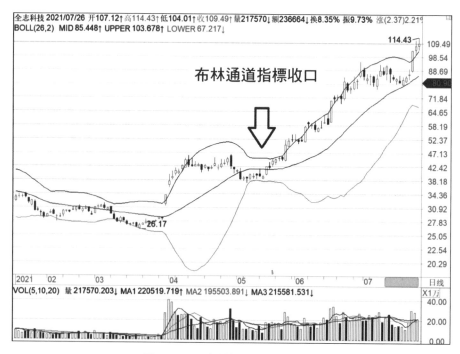

▲ 圖 3-36　全志科技 2021 年 5 月走勢

軌與下軌都形成橫盤的走勢，這意味著股價的波動幅度不會進一步降低，未來布林通道指標通道只有重新張口這一條路可走。

　　由於股價只漲一波，形成大頂部的可能性並不大，因此股價後期繼續上漲的機率較大。既然股價要漲，通道又收口到了極限，那麼股價重新起漲的時間很有可能就在眼前。

　　圖 3-37 中，久吾高科的股價見底後，便展開一輪震盪上漲行情。初期上漲成交量較為溫和，說明主力資金介入的數量並不多。若成交量小，則股價的漲幅不會很大，因此投資人在股價上漲初期，對每一波段漲幅的預期不宜過高。

　　進入 2021 年 5 月後成交量進一步增加，說明主力資金入場的數量開始

▲ 圖 3-37　久吾高科 2021 年 6 月走勢

增多，與之對應的是股價波動幅度的變大，也使布林通道指標通道開始變寬。在通道變寬的過程中，投資人應當大膽持倉，因為通道變寬是大幅獲利開始的訊號。一波放量上漲後股價出現整理走勢，同時成交量明顯萎縮，說明做多的資金並未出貨，而是沉澱在場中。

縮量導致股價上漲幅度減小，因此布林通道指標也隨之形成明顯的收口跡象。收口的形成，提示投資人股價正在為下一輪上漲做準備，收口區間就是機會區間，投資人應密切留意此時的波動。

當布林通道指標形成收口走勢時，還需關注另一個重要特點，那就是布林通道指標下軌必須具有效的支撐作用。如果光是通道形成收口型態，卻跌破下軌的支撐，那麼股價也無法上漲。待收口和下軌支撐都形成，投資人就可以抓住股價上漲前的整理機會了。

圖3-38中，遠興能源的股價見底後，受到成交量放大的推動，短線連續拉出好幾個漲停大陽線。股價突然出現大幅度波動，使布林通道指標通道一下子變寬，在通道變寬的過程中，股價往往會保持較為活躍的波動狀態，因此這個區間對於投資人來說就是持股獲利的大好機會。

一輪上漲過後，股價陷入縮量整理的走勢中，長時間的整理很容易讓投資人搞不清楚後期的波動方向。面對成交量萎縮、布林通道不斷收口的型態，該如何分析呢？通道的收口與張口是交替循環出現的，有收口就必然有張口，只是時間早晚的問題。因此，當發現通道收口時就要立即意識到：機會來了。

找到機會所在的區間後，後期股價到底是會漲，還是會跌呢？畢竟上漲和下跌都可以使通道變寬。想知道股價收口後是上漲還是下跌，只要看一下布林通道指標下軌是否有支撐作用就可以了。

從圖3-38可以看到，布林通道指標中軌有強大的支撐作用，股價後期一定會上漲。布林通道指標收口、下軌或中軌支撐有效，就意味著收口區間潛藏極好的交易機會。如果知道機會在什麼地方，買入就變得簡單多了。

▲ 圖 3-38　遠興能源 2021 年 4 月走勢

　　圖 3-39 中，東富龍股價見底後，在成交量有節奏放大與萎縮的推動下，形成震盪上漲的走勢。初期上漲過程中，股價曾縮量整理到布林通道指標中軌的支撐區間。由於支撐剛好到位，因此提供了極好的逢低做多機會。

　　2021 年 4 月，股價同樣形成縮量整理的走勢，但此時股價的低點並沒有觸及布林通道指標中軌，使投資人難以完成逢低做多的操作。沒有買點，那此時股價的波動是機會嗎？

　　雖然無法在中軌支撐處買入，但不能否認股價此時的強勢整理的確是機會。因為在又一次的縮量整理中，布林通道指標上軌與下軌不斷靠近，形成明顯的收口型態。之前的上漲形成張口的型態，此時的整理又形成收口的型態，這就表明收口之後還會再張口。

▲ 圖 3-39　東富龍 2021 年 4 月走勢

　　既然股價將保持大幅度波動，此時的收口自然就是機會到來的訊號。在收口的區間中，布林通道指標中軌強勁地支撐著股價，顯然股價向上的機率是極大的。明確了機會區間和股價上漲的機率很大，具體在什麼價位買進股票就不是什麼重要的事了。

　　圖 3-40 中，石大勝華的股價經過第一輪放量上漲後，出現整理走勢。在整理區間成交量明顯萎縮，說明之前介入的資金並未大規模出貨。整理區間的成交量越少，意味著沉澱在場中的資金數量越多，這將對股價後期的進一步上漲很有促進作用。

　　隨著成交量萎縮，股價波動的幅度也變小，導致布林通道指標上軌與下軌逐漸靠近。上軌向下、下軌向上的型態就是布林通道指標通道的收口型

▲ 圖 3-40　石大勝華 2021 年 3 月及 5 月走勢

態。在布林通道指標收口時，只要下軌的支撐有效，就是一次做多機會到來的訊號。收口區間就是機會區間、操作區間。

　　經過創新高的溫和上漲後，布林通道指標第二次形成收口走勢，上軌與下軌之間的距離，比張口區間小了不少。只要看到收口的跡象，投資人就找到了值得關注的區間。

　　與股價上漲、下跌交替循環一樣，布林通道指標也會張口、收口交替變化。在布林通道指標通道張口時，股價既可能向下，也可能向上。但股價要想繼續上漲，在布林通道指標通道收口區間、布林通道指標下軌都必將發揮支撐作用。只要看到布林通道指標出現收口的跡象，且下軌穩穩地托住股價整理的低點，機會就近在眼前！

第 4 章

從分時圖的細節，
抓到主力法人的控盤意圖！

4-1
判斷均價線的支撐 & 壓力點

由均價線的計算公式（某一時刻成交額÷成交量）可知，分時圖中的均價線代表當天某一時刻入場資金的平均持倉成本。而由於主力佔據當天絕大部分的操作資金，因此均價線也可以被看作主力當天持倉的成本線。由於均價線能更精確地呈現持倉成本，因此對股價的走勢有明顯的支撐和壓力作用。

均價線的支撐作用表現為：分時線處於上升通道向下回落觸及均價線後，股價受成本的支撐重新起漲。均價線的壓力作用表現為：分時線處於下降通道向上反彈觸及均價線後，股價受成本解套賣壓的影響重新回落。

均價線對股價發揮支撐作用後，進一步促進股價上漲。因為均價線代表的是成本，如果股價不漲，那麼這些資金又如何實現獲利呢？因此，均價線在發揮支撐作用後，股價往往會進一步上漲。

如圖 4-1，科恒股份在 2021 年 8 月 6 日開盤後，股價略經下探後便展開連續震盪的上漲走勢。在股價不斷上漲的過程中，均價線隨之不斷上升。一旦均價線在盤中形成上升的趨勢，股價後期就會有非常不錯的表現。

均價線上升意味著場中資金的持倉成本在不斷抬高，由於股價形成明確的上升趨勢，所以入場資金都認為值得買入該股。在資金都願意以更高的價格購買該股的刺激下，股價自然就容易在後期出現連續上漲走勢。

　　從圖 4-1 中可以看到，均價線在股價上漲途中，對整理的低點發揮強大支撐作用。每當股價整理的低點回落到均價線時，下跌走勢就會停止，隨之形成新一輪上漲走勢。支撐作用越明確，股價後期繼續上漲的可能性就越大，此時，投資人就應當在盤中堅決做多了。

　　均價線形成明確的支撐作用，意味著巨量的主力資金對股價有很好的維持作用。而得到均價線強大支撐的個股，基本上都是當時市場中的強勢股，只有強勢股的成本支撐作用才是最強的；弱勢股之所以弱，是因為無法發揮成本既有的支撐作用，股價才會不斷走低。

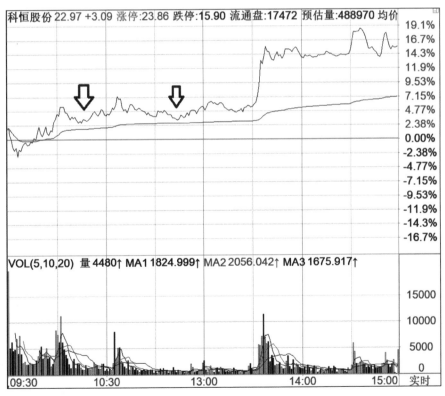

▲ 圖 4-1　科恒股份 2021 年 8 月 6 日走勢

　　圖 4-2 中，江蘇雷利的股價在 2021 年 8 月 6 日開盤後連續震盪回落，均價線也隨之穩步下行，均價線全天處於明顯的下降通道內。均價線的下降趨勢越明顯，對股價的壓力作用就越大。

　　均價線下行意味著新入場資金的持倉成本不斷降低，已入場的投資人均處於虧損狀態，場中資金持續看空，在這種空頭預期的支持下，盤中資金只能不斷以低價賣出。由於均價線代表盤中資金的平均持倉成本，因此當股價反彈至均價線時，隨著虧損的減少必然有一些資金選擇停損。這樣一來，賣壓就會使股價再次陷入回落走勢，從而使均價線的壓力作用變得越明顯。

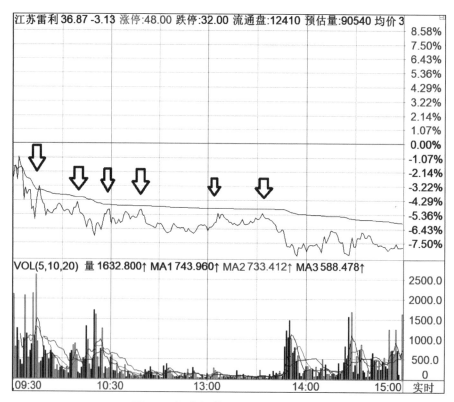

▲ 圖 4-2　江蘇雷利 2021 年 8 月 6 日走勢

　　從圖 4-2 可以看到，每當股價反彈至均價線附近都受到強大壓力，使股價進一步下跌。均價線始終能夠產生明顯壓力作用的個股，基本上都是當時市場中的弱勢股，實戰操作中應主動迴避這種個股。

　　均價線可以從側面反映人們對某檔股票的熱情，股價上漲，如果均價線隨之上揚，表示投資人的追漲熱情高漲，願意以更高的價格參與，資金的持倉成本在不斷抬高。持倉成本抬高意味著資金普遍看好後市，因此會對股價的上漲有推動作用，這就是均價線的助漲性。

　　股價下跌，如果均價線隨之下行，說明已入場的投資人均被紛紛套牢，而未入場的投資人誰也不願意買入，都在等待更低的價位。這兩種因素發揮了抑制股價的作用，這就是均價線的助跌性。

　　實戰中如何運用均價線的助漲性與助跌性呢？首先，要明確均價線的運行趨勢。均價線的運行趨勢具有慣性，一旦均價線的趨勢形成，方向就會延續。其次，要確定均價線的運行趨勢。如果均價線趨勢向上，投資人可密切關注並參考均價線的支撐作用擇機買入；如果均價線趨勢向下，持倉的投資人要及時迴避，並參考均價線的壓力作用擇機出局，未買入的投資人不宜盲目抄底。

　　最後，要留意均價線的方向是否明顯，均價線方向越明顯、角度越大，價格的漲跌力度越大，帶來的收益或風險越大。如圖 4-3，萊美藥業在 2021 年 8 月 6 日收出一根漲停大陽線，股價能大幅度上漲，必然與盤中資金的積極運作有極大關係，這天資金對於股價波動的態度是如何呈現的呢？

　　開盤後股價上漲過程中，均價線形成明確的上升趨勢，且這天分時線始終位於均價線上方。雖然上漲過程中股價出現多次整理的走勢，但均價線對其有強大的支撐作用。同時成交量出現連續放大，說明有大量資金在盤中積極操作，均價線的上升趨勢反映出這些資金都是在追漲，其平均持倉成本在不斷提高，即使股價有一定的上漲幅度，也沒有降低這些資金的入場意願。

　　資金越是積極追高，均價線越會形成明確上升趨勢。而一旦均價線形成

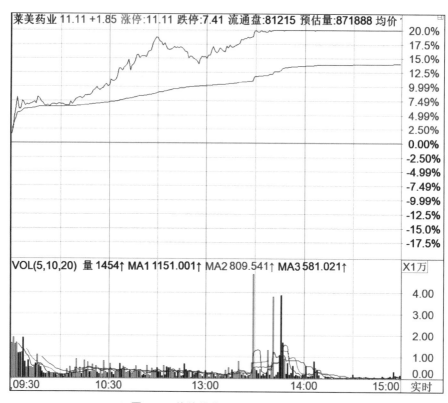

▲ 圖 4-3　萊美藥業 2021 年 8 月 6 日走勢

明確上升趨勢，就會進一步促使股價不斷上漲、資金持續追高，從而形成良性循環。均價線就像水，而分時線就像舟，只要順水便可以推舟而行。

如圖 4-4，老百姓的股價在 2021 年 8 月 6 日出現一輪連續下跌走勢，下跌過程中，均價線始終對分時線的反彈高點有極大的壓力作用，並且是「懸浮式」的壓力型態。在壓力作用非常明確的情況下，股價下跌過程中始終沒有形成像樣的反彈。股價下跌的一個原因是均價線強大的壓力作用，另一個原因是分時線的促跌作用。在股價下跌的過程中，成交量始終保持放大，說明盤中有大量的賣盤在積極出貨。

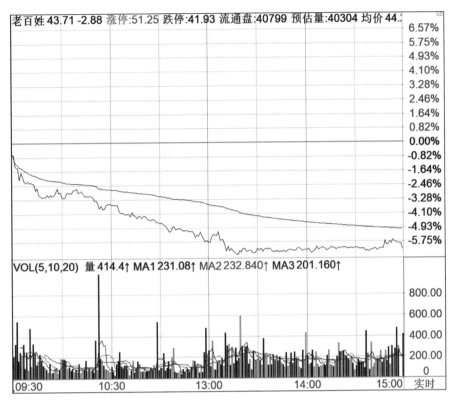

▲ 圖 4-4　老百姓 2021 年 8 月 6 日走勢

　　那麼，這些資金是以什麼樣的方式出貨的呢？分析價線的波動方式可知，這些資金是以不計成本的殺跌方式出貨的。這是因為在股價下跌過程中，均價線形成連續下跌的走勢。如果場中資金沒有不斷壓低賣出的價格，那麼均價線又怎麼會保持如此單向且持續的下行狀態呢？

　　正是由於均價線的持續下行狀態，發出場中資金不計成本賣出的訊號，因此越來越多的資金加入停損、低價賣出的操作中，使均價線對分時線的下跌產生強大的助跌作用。在分時線促跌作用明確的情況下，投資人必須順勢做空。

4-2
對比股價的上漲角度，
才看得出強弱

　　判斷股價上漲強弱時，其中一個技巧就是從價格上漲的角度分析，從而確定誰強誰弱。價格上漲角度是資金在盤中做多力度的展現，如果資金推動力度極大，那麼股價的上漲角度必然很大，投資人操作分時線陡峭的股票，更容易獲得豐厚的收益。如果股價的上漲角度很小，表示盤中資金做多的動能不足，在這種情況下，即使股價在後期能漲起來，上漲空間也較小，無法給投資人帶來大幅獲利的機會。

　　判斷上漲角度時，只有經過對比才能得知上漲角度是大還是小，沒有對比不宜直接下結論。傳統分析認為，大於45°便是強勢上漲角度。這種說法看似正確，但是假如盤中很多股票的上漲角度都大於45°，投資人如何得知誰更強呢？同時，如果變動參考座標、放大或縮小了介面，又該如何確定強弱呢？因此，單純用某個固定的角度來判斷強與弱不合適。只有對比上漲角度，找出那些上漲角度最陡峭的個股，並將其作為操作的目標股，才是正確的方法。

　　除了對比個股的上漲角度外，投資人還應對比盤中各個波段的上漲角度，確定盤中哪一波上漲走勢的力度最大，並在這個點位尋找操作的機會。

1. 大上漲角度

　　大上漲角度，是指股價經過整理以後再度上漲，此時的分時線與前一波上漲相比明顯變得陡峭，如圖 4-5。

　　大上漲角度經常出現在強勢個股的上漲途中，隨著資金大力度的推動，分時線陡峭上行。大上漲角度基本上會與明顯的放量現象一起出現。因此，一旦個股在盤中形成大上漲角度，投資人就要積極追漲。只要大上漲角度沒有發生改變，股價的上漲行情就會不斷延續。

　　股價在實盤中一旦形成大上漲角度，成交量就會明顯放大，這意味著資金在盤中做多的數量進一步增加，與之對應的是股價上漲的幅度將會增大，上漲速度將會加快。因此，投資人應當在大上漲角度形成時積極入場做多或堅定持股。

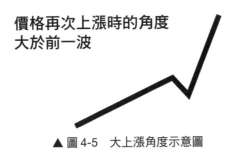

價格再次上漲時的角度
大於前一波

▲ 圖 4-5　大上漲角度示意圖

　　如圖 4-6，科恒股份的股價略做下探後便形成震盪上漲走勢。初期上漲的過程中，價格上漲的角度比較小，表示在這期間資金做多的力度並不大，角度小的上漲很難給投資人帶來可觀的獲利。

　　經過近兩個半小時的小角度震盪上漲後，隨著成交量再次明顯放大，分時線的上漲角度也明顯變大，變得極為陡峭，這種角度的變化被稱為「大上漲角度」。大上漲角度不僅自身上漲角度非常大，且與前一波段的上漲角度相比，更可以清楚看出股價明顯走強。

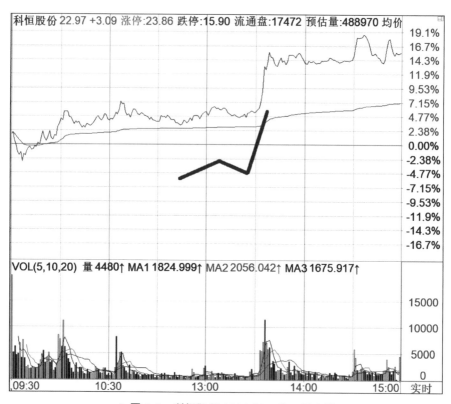

▲ 圖 4-6　科恒股份 2021 年 8 月 6 日走勢

在大上漲角度形成時，股價上漲的速度極快，上漲的幅度也非常大。只要投資人在角度變大的初期積極追漲，這天就可以獲得非常滿意的短線收益。

如圖 4-7，山西焦煤的股價在開盤出現一波上漲後，出現長時間窄幅震盪。股價在盤中受到均價線的支撐後，上午收盤前又形成一波緩慢上漲的走勢。隨著均價線支撐作用變得越來越明顯，投資人要意識到：股價很有可能在後期延續上漲的走勢。

支撐型態形成後，可以將上午收盤前的上漲波段作為參照，如果股價後

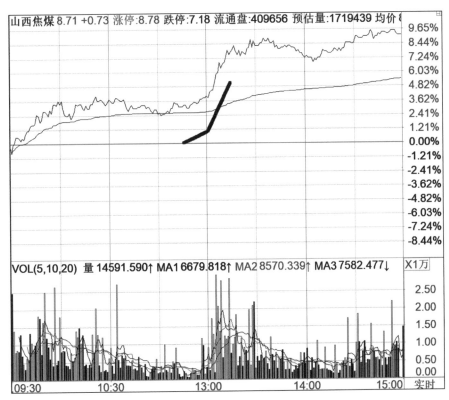

▲ 圖 4-7　山西焦煤 2021 年 8 月 6 日走勢

期上漲的角度小於這一角度，上漲的空間就會受到限制，投資人不宜在上漲力度沒有加大時入場。但如果股價後期上漲的角度有加大的跡象，表示股價會上漲得更加迅猛，一定要積極入場做多。

　　下午開盤後，在成交量連續放大的情況下，股價再度展開強勁的上漲。下午分時線的上漲角度，比上午分時線的上漲角度陡峭很多，說明主力在盤中做多的力度加大，而大力的上漲必然會對應較大的上漲空間。因此，空倉的投資人可以在上漲角度加大時積極買入，持股的投資人則應在此時更加堅定地持股。

2. 等上漲角度

等上漲角度，是指股價經過整理以後再度上漲，此時分時線的上漲角度，與前一波上漲的分時線相比基上本一致。實際案例中可能略小，也可能略大，只要差異不是非常明顯，就可以視為等上漲角度，如圖 4-8。

等上漲角度經常出現在強勢個股的上漲途中。因為股價第二輪上漲的力度，與前一輪上漲的力度基本上一致，所以分時線的角度前後也基本一樣。形成等上漲角度的個股，也會為投資人帶來較可觀的獲利：上漲的力度沒有減弱，因此股價之前怎麼漲，以後也會怎麼漲。

前後兩波上漲角度一致

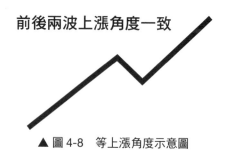

▲ 圖 4-8　等上漲角度示意圖

分時線在實盤中形成等上漲角度，意味著資金此時在盤中做多的力度與前期上漲時做多的力度一致，因此投資人可以參考前期股價的走勢，來判斷股價後期上漲的型態和幅度。

如圖 4-9，恒潤股份的股價一開盤便放量快速上漲。當股價的上漲滿足強勢特徵時，應及時尋找各種買點入場做多。股價形成第一波上漲走勢後不久，出現一次整理，但此屬於短時間和小力度整理，說明股價後期上漲的機率極大。

股價形成整理走勢後，投資人可以將第一波的上漲作為參照，去衡量後期股價上漲力度的大小。對比圖中股價後期再次上漲時分時線的角度，與之前上漲時分時線的角度，便可以發現兩者基本上一致，這種技術型態就是等

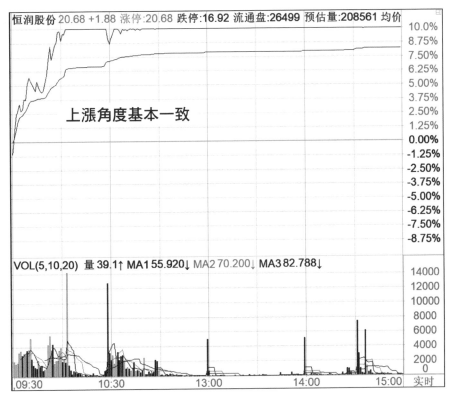

▲ 圖 4-9　恒潤股份 2021 年 8 月 6 日走勢

上漲角度最明顯的特徵。

　　一旦股價的上漲形成等上漲角度，就意味著前後兩次上漲行情的力度基本上一致，將促使後期的上漲型態與之前的上漲型態保持一致。對於之後的行情會如何走，投資人可以經由分析前一輪的上漲走勢做出判斷。

　　如圖 4-10，全柴動力開盤後，股價形成一輪快速上漲走勢。此時的上漲得到成交量放大的支撐，說明此時的上漲是資金積極入場推動的，是真實有效的。

　　股價在第一輪上漲結束後，出現整理的走勢。在很短的整理時間裡，投

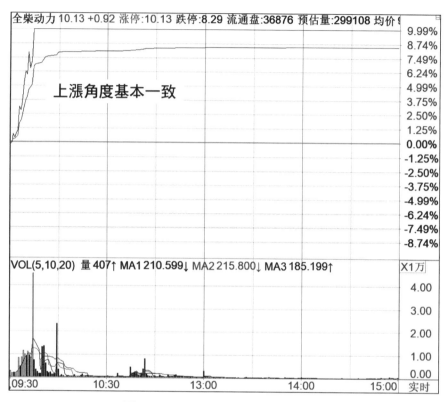

全柴动力 10.13 +0.92 涨停:10.13 跌停:8.29 流通盘:36876 预估量:299108 均价

上漲角度基本一致

▲ 圖 4-10　全柴動力 2021 年 8 月 6 日走勢

資人應把握股價快速上漲前的一兩分鐘，抓緊制定投資策略。如果股價後期再度上漲時，分時線角度與第一輪上漲時角度一致，或是大於第一輪上漲時的角度，就可以積極入場追漲；如果股價後期上漲時的角度小於第一輪上漲時的角度，就說明上漲力度減小了，應放棄操作。

　　從圖 4-10 中可以看到，股價在後期上漲的過程中，成交量繼續保持放大狀態。在買盤的不斷推動下，股價也延續之前較大的上漲力度；第二波上漲行情中分時線的角度，與第一波上漲行情中的完全一致。只要上漲的力度沒有減小，投資人就應當在分時線創下盤中新高時積極介入。

上漲角度一致，上漲力度必然一致，投資人可以利用此特性輕鬆判斷出第二輪上漲行情的上漲幅度，將與前一波上漲一樣。僅經由角度的變化就能知道漲幅的大小，打有準備之仗，則場場必勝。

3. 小上漲角度

小上漲角度，是指股價經過整理後再度上漲，此時分時線的上漲角度與前一波相比明顯減小，說明盤中資金做多的力度有所減小，如圖 4-11。

小上漲角度經常出現在弱勢個股的上漲途中，股價第二次上漲時形成的上漲角度與第一次相比明顯減小，說明盤中資金做多的力度變弱，很難給投資人帶來可觀的獲利機會。因此對於形成小上漲角度的個股，投資人應當果斷在高點賣出手中的股票。

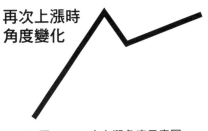

再次上漲時
角度變化

▲ 圖 4-11　小上漲角度示意圖

股價在實盤中形成小上漲角度，意味著盤中資金此時做多的力度明顯減小，弱勢形成背後的原因是資金推動力度不足。對於形成小上漲角度的個股，投資人應迴避，因為當股價上漲角度減小、上漲力度減弱時，怎麼可能帶來獲利機會呢？

如果股價的波動形成小上漲角度，那麼股價在後期能否繼續上漲，成交量具有決定性作用。只有成交量不斷增加，新一輪的上漲行情才會出現，如果成交量依然保持萎縮，股價就很難走出強勁的上漲走勢。

　　如圖 4-12，天晟新材的股價在上午弱勢震盪，下午開盤後不久成交量突然出現放大跡象，並且創下開盤以來的最大量能，說明此時有資金開始入場積極進行操作。在成交量放大的情況下，分時線形成極為陡峭的上漲角度。面對這種型態，短線投資人應及時入場買進。

　　快速上漲結束以後，分時線出現整理型態。整理的過程中成交量出現萎縮跡象，且股價回落的幅度非常小，這種型態預示股價後期必然上漲。因此，只要分時線在後期突破整理前的最高點，投資者就可以繼續入場做多。

　　股價第二輪上漲時，分時線的角度與股價第一輪上漲時相比明顯減少，

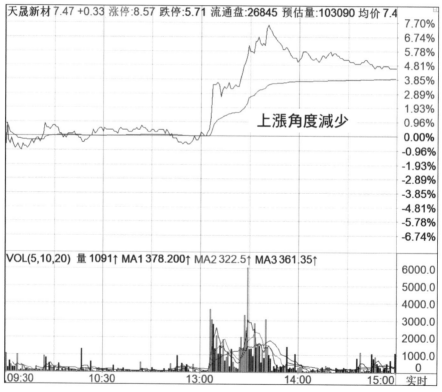

▲ 圖 4-12　天晟新材 2021 年 8 月 6 日走勢

這就是小上漲角度最明顯的技術特徵。小上漲角度的形成說明盤中資金做多的積極性明顯降低，股價後期的表現將不會比前一輪上漲好，就算衝高也容易回落。如果手中的持倉可以在當天賣出，應逢高減倉或清倉。若當天剛剛入場不能賣出，則應做好第二天隨時出局的準備，以防當天盤中的弱勢延續到第二天。

如圖 4-13，該股股價在一個多小時的溫和放量震盪上漲以後，於盤中再度上漲時，成交量出現明顯的放大跡象，說明有更多資金開始入場積極操作。隨著成交量進一步放大，分時線也形成較為陡峭的上漲走勢。角度加大

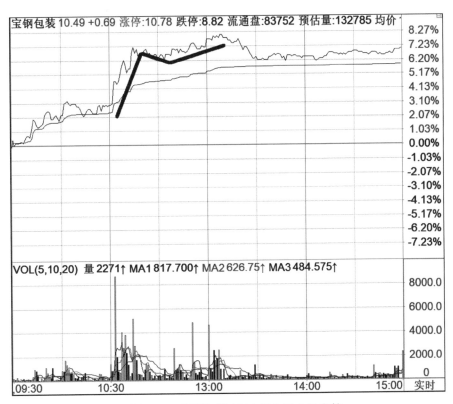

▲ 圖 4-13　寶鋼包裝 2021 年 8 月 6 日走勢

說明力度加大，上漲的幅度也將加大，手中持有該股的投資人應堅定持有，空倉的投資人可以在股價加速上漲時及時入場。

股價上漲結束後，再次形成縮量整理的走勢，並於上午 11 點左右降到最低點。強勢上漲行情暫時結束時，投資人可以將此刻上漲時形成的上漲角度作為參照，來衡量股價後期上漲力度的大小。整理結束以後，分時線再度形成上漲走勢。但是從圖 4-13 中可以看到，此時的上漲角度與之前相比明顯減小。上漲角度減小表示盤中資金做多的力度也明顯減小，需要隨時留意風險。

上漲角度形成時，成交量與第一輪上漲時相比出現明顯萎縮，反映出當前資金的介入數量明顯減少。正是因為股價的波動沒有得到成交量放大的認可，才導致上漲角度變小。在小上漲角度形成時，上漲的空間也比前一輪上漲時小很多。

專家心法

單純用某個固定的角度來判斷強與弱不合適。只有對比上漲角度，找出那些上漲角度最陡峭的個股，並將其作為操作的目標股，才是正確的方法。

比較多空雙方實力，
要看股價上漲的「對立角度」

　　分析上漲角度的目的，是為了對比股價當前的上漲力度與前期的走勢，以確定後期的操作方法。這種對比是將同方向的波動做對比，反映的是同方向波動時股價做多的力度是否減小，只能反映出資金在相同方向下力度大小，不能直接呈現反方向波動的力度。因此投資人在實際操作中，還必須分析對立角度。

　　對立角度的對比，是指將股價當前波動方向的角度與反方向做對比，從而直接對比出多空雙方的力度。這種對比更直接，可以一目了然看出多空雙方的狀態，投資人實戰時常使用這種分析方法。

1. 上漲大對立角度

　　上漲大對立角度，是指股價以某一角度下跌到底部後形成上漲走勢，上漲角度與前期下跌角度相比明顯變大。如圖 4-14，一旦形成上漲大對立角度，就意味著盤中資金做多的力度遠遠大於做空的力度，因此投資人一定要在盤中積極做多。

　　上漲大對立角度往往會出現在龍頭領漲個股的底部區間，極為陡峭的上漲會在市場中有良好的獲利示範效應，從而帶動更多個股持續上漲。投資人一旦在股價下跌結束時，發現某支個股形成上漲大對立角度，就要意識到它是盤中絕對的飆股。

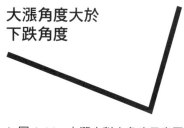

大漲角度大於
下跌角度

▲ 圖 4-14　上漲大對立角度示意圖

　　在上漲大對立角度中，下跌的角度越小，上漲的角度越大，股價後期上漲的空間就越大。當上漲角度遠遠大於下跌角度時，說明多方在盤中的進攻極為主動，已經佔據絕對的主動。

　　如圖 4-15，力星股份在開盤震盪上漲約一個小時後，陷入長時間整理，直到下午才重新開始上漲。股價持續下跌時要特別關注下跌角度，因為它可以作為參照物，幫助投資人準確判斷未來的上漲力度。

　　下午開盤後股價再次上漲，分時線開始不斷向上延伸。上漲初期上漲的跡象還不太明顯，投資人沒有必要對比角度，而上漲到中期時形勢開始變得明朗，這時就可以將上漲時的角度與下跌時的對比，從而判斷多空雙方變化。從圖 4-15 中可以明顯看到，下午上漲時的角度較大，而之前下跌時的角度較小，這種角度對比就被稱為「上漲大對立角度」，標誌著股價的上升趨勢將會延續。

　　只有當盤中資金在做多的力度遠遠大於做空時，分時線的波動才會形成上漲大對立角度。上漲大對立角度的型態非常容易判斷，一旦股價的波動變

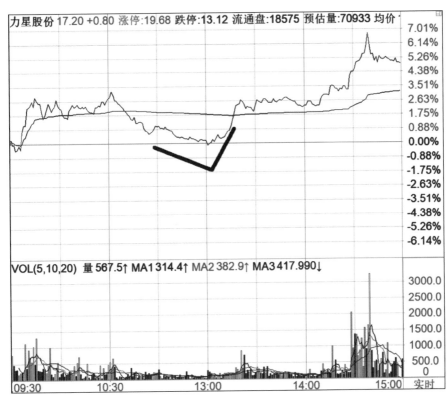

▲ 圖 4-15　力星股份 2021 年 8 月 6 日走勢

成多頭力量明顯增強的型態，投資人就要及時入場做多。

如圖 4-16，金杯電工在開盤後便出現連續上走勢，經過近一個半小時，又形成持續整理的走勢。分時線無量回檔到均價線處時，受到強大支撐作用使股價重拾升勢繼續上漲，主力資金在盤中完成一次很有效果的震倉操作。

股價在受到均價線的強大支撐並結束整理後，出現快速的上漲走勢。從圖 4-16 中可以看到，整理結束以後的上漲角度，與下跌時的角度相比明顯變大。上漲角度與下跌角度的差值越大，意味著盤中做多的力度越大。在這

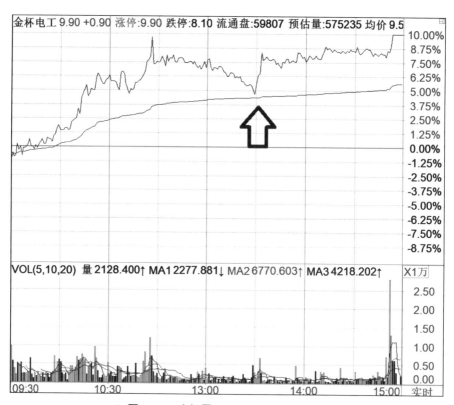

▲ 圖 4-16 金杯電工 2021 年 8 月 6 日走勢

種情況下，股價後期必然會出現較大幅度的上漲。

一旦形成上漲大對立角度，此時的上漲就只是後期行情的第一波上漲。第一波上來就漲得這麼猛烈，後期的走勢也不會弱到哪裡去，因此在大上漲對立角度形成時，一定要及時入場。股價在高漲幅區間形成大上漲對立角度，只要當天的大盤環境配合，就很容易漲停。即使在第二天衝高時賣掉，也可以輕鬆抓住一次短線操作的大好機會。

2. 上漲等對立角度

上漲等對立角度，是指股價以某個角度下跌到底部後形成上漲走勢，上漲力度與前期下跌力度基本上保持一致，使漲跌角度基本相等，如圖 4-17。多出現在上漲個股的底部區間，這類個股往往是市場的中堅力量，雖然不能像飆股一樣對上漲有帶動作用，但是可以為盤中提供足夠的做多力量，從而推動行情不斷發展。

上漲等對立角度的形成，意味著前期股價如何下跌，後期股價就會如何上漲；前期下跌的角度有多大，後期上漲的角度就有多大；前期下跌的幅度有多大，後期上漲的幅度就有多大。時間方面，上漲等對立角度也可以給投資人提示：前期下跌的時間有多久，後期上漲的時間就會有多久。

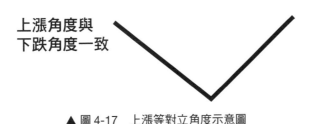

▲ 圖 4-17　上漲等對立角度示意圖

圖 4-18 中，東方鉏業在開盤後經過近一個小時震盪上漲，在成交量連續萎縮的情況下出現持續下跌走勢。成交量無法放大，使股價沒有足夠的上漲動力，在這個區間除非日 K 線趨勢明確，否則只能在場外耐心等待股價重新走強，再擇機操作。

經過半個多小時下跌，分時線形成短線見底並成功上漲的走勢，此時投資人就需要密切關注分時線的波動了。從股價下跌和上漲的走勢來看，上漲的角度與下跌的角度基本上一致，即形成上漲等對立角度。

上漲等對立角度，說明股價此時的做多力度與下跌時的做空力度基本上一致，這意味著前期股價是如何跌下來的，後期就將如何漲上去。在股價回

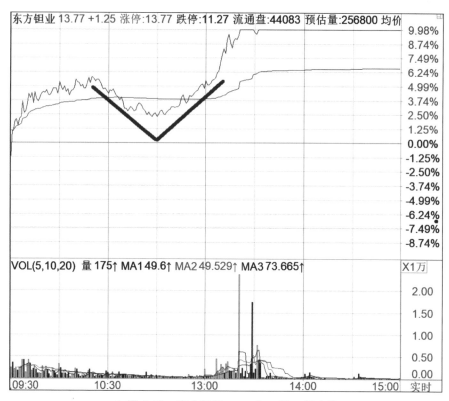

▲ 圖 4-18　東方鉭業 2021 年 8 月 6 日走勢

到起跌點時，由於成交量繼續放大，資金積極推動，因此下午出現漲停。且不說股價能否漲停，僅上漲等對立角度，就足以提示投資人獲利機會的所在。

　　圖 4-19 中，火炬電子開盤快速上衝的走勢結束後，便出現持續回落。股價下跌的過程中，每一次或大或小的下跌，都伴隨著成交量放大現象的出現。說明該股當天賣盤數量較多，只要沒有出現多方力量明顯增強的現象，就要謹慎操作。

　　股價下跌到當天最低點時，出現第一次有一定力度的反彈，此時的上漲

火炬电子 84.23 +0.62 涨停:91.97 跌停:75.25 流通盘:45903 预估量:86343 均价

▲ 圖 4-19　火炬電子 2021 年 8 月 6 日走勢

將最後一波下跌的波段完全吞沒。有能力吞沒最後一波下跌，說明多方此時的力度與空方基本上一致。如果進一步觀察會可以看到，股價上漲時，角度也與前期下跌角度基本一致，形成上漲等對立角度，再次提示投資人盤中多方與空方力度的一致性。

　　股價結束下跌、形成上升趨勢時，一旦形成上漲等對立角度，就可以參考下跌時的走勢來判斷後期上漲時的型態。對立角度一致，意味著多方與空方力度一致。而多方與空方力度一致，又會導致股價漲跌型態和漲跌幅度一致，為投資人在盤中逢低吸納，提供極好的介入點位參考。

3. 上漲小對立角度

上漲小對立角度,是指股價以某個角度下跌到底部後,形成上漲走勢,上漲角度與前期下跌角度相比明顯變小。一旦形成上漲小對立角度,就意味著盤中資金做多的力度遠遠小於做空的力度,空方佔據著較大的主動,如圖4-20。

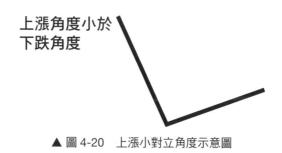

上漲角度小於下跌角度

▲ 圖 4-20　上漲小對立角度示意圖

上漲小對立角度,往往出現在弱勢上漲個股的底部區間,這類個股往往是市場中典型的跟風類個股,雖然可以形成一定的上漲幅度,但是盤中資金做多的力度很小。對於形成上漲小對立角度的個股,投資人應當抱著迴避的態度。手中有持倉的,應當趁上漲時逢高賣出,將資金切換到強勢上漲個股中去。

上漲小對立角度形成,意味著股價在後期往往很難形成強勁的上漲走勢,同時這類個股的漲幅往往會低於同期指數的漲幅,所以無法帶來較大的獲利機會。如果投資人在指數上漲時持有這類個股,就要及時進行換股操作,只有堅守「擇強而入」的信條,才能實現更大的獲利。

圖 4-21 中,康龍化成在開盤後略做上衝,便陷入持續性的震盪下跌走勢,並且在下跌過程中成交量越來越大。面對這種走勢,投資人一定要積極迴避,以防盤中的放量下跌演化為主力資金的出貨。放量下跌在高位肯定是風險,在中低位也有可能壓抑股價一段時間。因此,無論股價處於什麼位

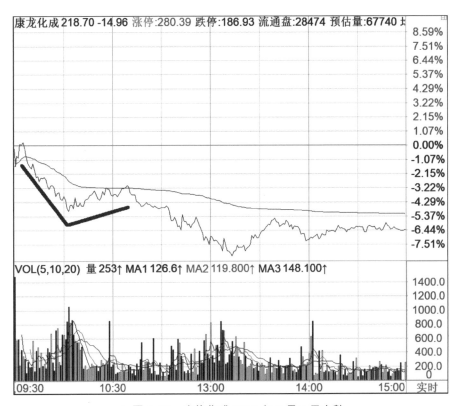

▲ 圖 4-21　康龍化成 2021 年 8 月 6 日走勢

置，放量下跌都不是好現象。

　　股價下跌半個小時後，反彈走勢隨之出現。但在股價反彈時，成交量並沒有出現放大跡象。量能無法放大意味著資金並不認可當前的上漲，在縮量反彈的過程中，是無法預期持續性上漲的。同時，在股價反彈上漲過程中，上漲角度與下跌角度相比顯得非常小，形成上漲小對立角度。

　　上漲小對立角度形成，說明盤中資金做多的力度很弱。在這種情況下，股價往往很難形成真正意義上的上漲走勢。角度的變化說明盤中資金多方與空方力度的變化，在做多力度小於做空力度時，投資人只能繼續在場外觀

望，或在股價反彈的高點區間及時停損離場。因為多方力量較弱，一旦股價
後期進一步下跌，利潤回吐或是虧損的額度就會進一步增加。

　　圖 4-22 中，海思科在開盤後成交量連續放大的情況下，出現快速下跌
走勢。不管股價處於什麼位置，都要積極迴避這種快速放量下跌的走勢。若
股價處於高位，就是風險到來的訊號；若股價處於低位，這種快速放量下跌
的走勢，就意味著主力開始了大力度的震倉操作，且這次震倉不可能在短期
內完成。

　　經過半個小時放量下跌後，股價形成無量反彈的走勢。從成交量的變化

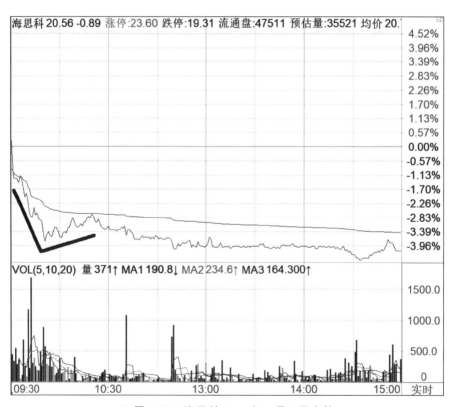

▲ 圖 4-22　海思科 2021 年 8 月 6 日走勢

可以得知，反彈過程中沒有資金積極入場建倉。但資金不入場，股價又哪有上漲的動力呢？

從圖 4-22 中還可以看到，分時線在反彈上漲時形成的上漲角度非常平緩，根本無法與下跌時的陡峭角度相提並論。上漲角度與下跌角度的差值越大，說明盤中資金做多的力度越弱。當資金做多力度很弱時，空方依然牢牢把控著局面，意味著風險還沒有結束。

上漲小對立角度的形成，反映出當前盤中空方力度的強勢是一種風險訊號。如果分時線的波動形成上漲小對立角度，那麼投資人不可以入場做多，尤其是在成交量沒有同步明確放大的情況下，更不能有買入的打算。同時，如果手中持有出現這種走勢的股票，就要趁反彈高點及時離場。因為就算股價後期不下跌也很難上漲，繼續持股無疑是將風險握在了手中，這種做法並不明智。

專家心法

對立角度的對比，是指將股價當前波動方向的角度與反方向做對比，可以一目了然看出多空雙方的狀態，實戰時常使用這種分析方法。

4-4
從股價高點的成交量，
判斷主力意圖

　　實戰分析過程中，投資人可以經由分析股價上漲後整理低點區間的成交量，判斷主力是否有出貨意圖，從而在主力沒有出貨時大膽持股。但只有分析整理低點不夠，一定要學會從股價波動的高點處去判斷主力的操作意圖。

　　主力往往會在股價波動的高點區間逢高出貨，因為他們能控制股價的漲跌，所以自然知道當天的高點在哪裡。如果盤中分時線波動的高點處形成密集放量，就表示主力開始出貨；如果在高點處成交量並沒有放大，就表示主力沒有出貨。

　　雖然高點形成後股價有可能繼續回落，但是主力在高點都沒有出貨，又怎麼可能在隨後的回落過程中出貨呢？這說明高點與後期可能出現的整理低點，都不是主力出貨的目標區間，因此後期突破該區間繼續上漲的機率很大。

　　圖 4-23 中，元力股份在當天收出一根大實體陽線，雖然日 K 線圖中的陽線實體較大，但股價在盤中上漲時不是快速上躥形成的，而是不斷震盪上行累積出的大漲幅。在股價長時間向高位攀升的過程中，會有足夠的時間確保主力大規模出貨。

　　開盤後股價便形成震盪上漲的走勢，在上漲過程中成交量保持連續溫和的放大狀態，非常穩定地推動著價格不斷向上。這種走勢說明盤中的資金可

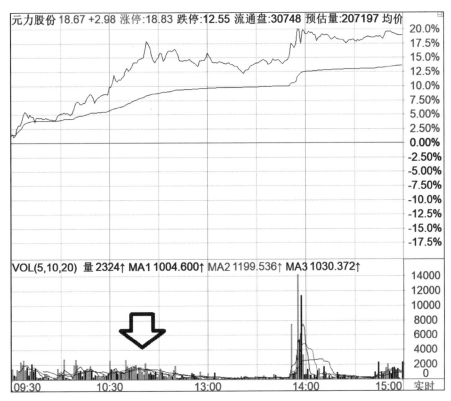

▲ 圖 4-23　元力股份 2021 年 8 月 6 日走勢

以很輕易地拉抬股價上漲，不需要巨量的資金推動，這是主力持倉度較高的技術體現。經過一個多小時的上漲，整理走勢隨之出現，此時整理的性質如何，股價的回落是否安全？這是投資人在股價回落時必須分析的問題。

　　如果股價回落是主力出貨所導致的，投資人就要及時地離場迴避風險。但如果回落只是正常上漲後的回檔或是主力震倉，就要在盤中繼續持股。雖然股價形成近一個小時的連續回落，但是在上衝的高點處成交量並沒有放大，說明主力並沒有在股價運行到高位時大規模出貨。

　　主力沒在高點出貨，難道還會在低點賣出嗎？這顯然不符合正常的邏

輯。所以，整理後股價再度上漲就是很正常的走勢了。除了整理的低點，整理後的上漲可以更直觀判斷出主力有沒有出貨操作的跡象。

圖 4-24 中，錫業股份在盤中形成震盪上漲的走勢。股價收盤時，一根中陽線足以讓持有投資人感到欣慰。雖然上漲並不是很強勁，但股價上漲過程出現的種種技術特徵，可以讓投資人安心持股。

開盤後股價略做下探，便出現第一波震盪上漲的走勢。股價上漲一小時後出現連續回落，雖然在後面半個多小時的回落中，差點跌回到當天的起漲點，但是成交量向投資人提示了高度安全的訊號：股價形成高點時，成交量

▲ 圖 4-24　錫業股份 2021 年 1 月 18 日走勢

不僅沒有放大反而出現萎縮跡象。這樣的量能型態說明，主力資金沒有在這一輪的上漲高點出貨，上漲高點所對應的價格區間並不是頂部。

　　既然價格還沒有上漲到頂，那麼產生的回落要麼是股價正常的整理，要麼是主力資金的刻意打壓。因此不管怎麼跌，股價的性質都是安全的。

　　高點的縮量說明主力資金還留在場中，因為他們可以控制股價波動，所以很清楚高點在哪裡。只要主力一出貨就會出現放大量的現象，不管上漲的高點還是整理的低點，都會見到放量。從圖 4-24 來看，上漲的高點無量，後期整理的低點照樣無量，只要主力沒走，股價後期就會有更高的價位出現。

　　圖 4-25 中，中毅達在開盤後形成緩慢的震盪下跌走勢，過程中成交量沒有出現密集性放大的跡象，說明至少在當前的區間沒有大量的賣盤湧出。只要沒有太多賣盤，股價的下跌就不會具有持續性的動力。

　　經過一小時的震盪回落，分時線的波動重心開始慢慢上移，最終站穩均價線上方，這意味著價格波動開始有多頭的特徵。在此基礎上，投資人要密切留意股價是否在當天形成短線買點。價格位於均價線上方形成多頭跡象，一旦形成買點，就是最好的短線介入點。

　　尋找買點時，還要密切留意有沒有明顯的出貨跡象，股價下跌時要看有沒有資金拋出，上漲後也要看有沒有資金離場，只要資金沒有離場，股價的波動就是安全的。分時線向上突破盤中高點時，成交量有溫和放大的跡象，但並沒有集中放大。顯然在股價剛剛翻紅的點位，沒有資金大規模離場。由此可見，開盤後下跌的震盪與初步的緩慢上漲都不是風險區間，只要不是風險區間，股價後期的上漲就是順理成章的事情。

　　如圖 4-26 中，翔鷺鎢業開盤後，股價在放量配合的情況下出現震盪上漲行情。經過一個小時上漲，股價形成連續的整理走勢，從整理的低點可以看出分時量點主力並沒有出貨的本質。但在對此進行分析時，既要關注整理低點，也要關注上漲後的高點。

　　股價上漲到高點後雖然有所放量，但始終沒有形成密集性放量。偶爾的

▲ 圖 4-25　中毅達 2021 年 8 月 6 日走勢

放量可能是市場中的大戶或遊資逢高賣出的賣盤，只要放量不是密集性的，就不能視為主力資金出貨的訊號。因為主力巨大的持倉，必須在成交量連續放大的情況才能順利脫身，所以如果股價上漲的高位沒有密集性放量，就意味著此時的高點不是頂部，隨後的回落也不是風險。

　　由於股價先形成高點，再形成整理低點，因此在分析順勢上不能搞錯。如果高點沒量可以直接做出主力沒有出貨，當前位置不是頂部的結論；若難以對高點的量能做出判斷，則可以再看一下整理的低點是不是有主力出貨的跡象，這樣一來，就可以準確判斷當前股價波動的安全性了。

▲ 圖 4-26　翔鷺鎢業 2021 年 8 月 6 日走勢

　　如圖 4-27 中，英力特開盤後形成震盪上漲走勢，股價上漲過程中成交量雖然放大但不密集，說明資金做多的積極性相對較低，這類量價配合的走勢很難促使大實體的陽線出現。當然，雖然漲勢不是很強，但是有一個好處，那就是在其中運作的資金很難順利脫身。

　　股價震盪到高點時成交量依然沒有放大，說明主力資金持股心態穩定，當前所謂的高點對於有控盤能力的主力來說，並未到達出貨區間。所以若高點無量，要麼是主力資金不想出貨，要麼是主力資金想出貨但沒有環境的配合，不管屬於哪種情況，都使當前的股價安全性很高。從正常的邏輯來講，

▲ 圖 4-27　英力特 2021 年 8 月 6 日走勢

　　當前的高點若無法出貨，等股價跌下來再出貨獲利會變少，同時，股價下跌還會嚇跑買盤，更不容易出貨。因此想要有更好的出貨效果，把股價拉上去才是最優策略。股價上漲投資人願意跟風，買盤多了、賣出價格也高了，盡是好處。

　　股價上漲過程中，高點越是沒有量能，資金的持倉越是堅決，這是有利於股價後期繼續上漲的技術訊號。哪怕股價暫時出現回落，只要回落的過程是無量狀態，那麼上漲就是可期的。此時投資人要做的，就是盯緊各種買點型態的出現，只要一有買點就立即入場操作。

4-5

從分時圖上看出
主力甩轎行為

　　很多股票上漲過程中，總是受到主力人為震倉，雖然股價的日 K 線型態停止上漲或短線不斷下跌，但主力資金沒有任何出貨操作。如果投資人僅僅是因為股價暫停上漲或是短線暫時下跌而賣出，很容易錯過股價後期上漲帶來的獲利。因此，想要全面把握股價上漲的機會，就必須學會如何識別主力的震倉操作。

　　主力進行震倉操作時，由於並沒有大手筆賣出，所以股價波動過程中必然會形成分時量點的跡象。投資人一旦發現股價不管是上漲還是下跌時，形成分時量點震倉的走勢，都要耐心持股。

　　停止上漲或是短線下跌雖然有一點可怕，但主力震倉就是為了讓投資人感到恐慌，所以一定要用理性壓抑此時的情緒，多去分析主力此時想幹什麼、有沒有賣出，只有這樣才更能掌握後期強勁的上漲行情。

　　圖 4-28 中，富臨精工開盤後略經震盪便展開連續上漲走勢，上漲過程中分時線始終保持陡峭的上漲角度，說明盤中資金做多的力度很大。上漲的過程中成交量持續放大，也說明資金做多的積極性很高。

　　股價上漲到早盤期間高點時，整理走勢就隨之出現了，分時線的連續回落必然會使很多投資人擔心：股價在後期會走弱，還是會繼續上漲呢？要回答這個問題，必須對成交量的性質進行分析。

　　股價回落過程中成交量始終沒有放大，如果主力出貨，必然會上漲也放量、下跌也放量，如此出貨量才會更大。而整理時始終無量，在這麼小的成交量中，主力巨大的持倉如何順利出局？且到了整理最低點區間時，還形成極度的縮量量點現象，這種量能型態更進一步說明主力並沒有出貨。主力不出貨的區間就不是頂部區間，但股價上漲的可能性很大，只不過是早漲還是晚漲的問題。

　　整理低點極其低迷的量點現象，封殺了主力出貨的可能，要麼是主力想出貨而出不掉，要麼是主力根本不想出貨。但不管是怎樣的結果，只要主力

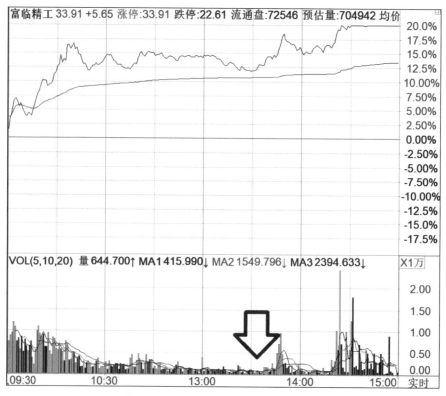

▲ 圖 4-28　富臨精工 2021 年 8 月 6 日走勢

跑不掉，股價後期就會繼續上漲。

　　如圖 4-29，萊美藥業的股價上漲時，分時線形成明顯上升趨勢，且上漲過程中成交量始終保持溫和放大狀態。量能溫和放大，說明資金主動控制著股價上漲，對於這種主力資金操盤痕跡明顯的個股，一定要積極操作與持有。

　　當股價一大輪上漲結束後，分時線形成整理走勢，面對分時線近半個小時回落的走勢，投資人應如何操作？此時，要先知道股價下跌是什麼原因導致的，如果是主力出貨所導致，就需要在股價被拉起來後的高點無條件出

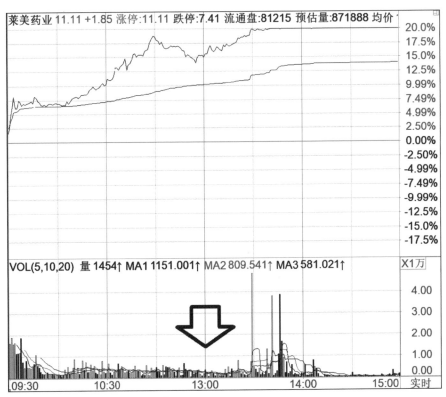

▲ 圖 4-29　萊美藥業 2021 年 8 月 6 日走勢

貨；如果是主力的人為打壓震倉，就需要繼續持股。

　　股價回落過程中成交量萎縮到極限，就意味著主力沒有出貨，因為根本沒有條件順利完成出貨操作。股價的回落如果不是出貨造成的，就是主動打壓震倉造成的。雖然股價暫時下跌，但由於下跌的性質是安全的，因此一旦主力震倉完畢，股價必然會在後期繼續上漲，面對健康的下跌性質，自然要繼續積極操作。

　　圖 4-30 中，元力股份在開盤後形成連續上漲走勢，過程中成交量始終保持放大狀態，表示資金這天運作股價的積極性非常高。越是放量推動股

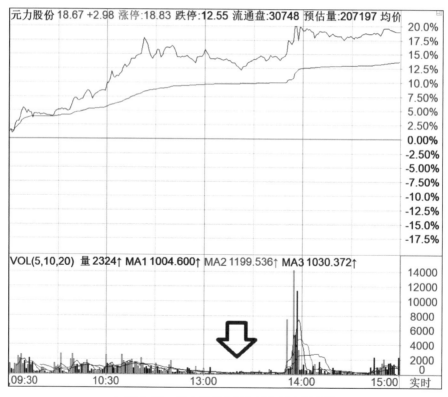

▲ 圖 4-30　元力股份 2021 年 8 月 6 日走勢

價，股價越會不斷上漲，而股價不斷上漲又會吸引資金積極入場與主力資金形成合力，使上漲行情更好地延續。這就是一種良性循環，形成這種良性循環的個股往往會有非常不錯的表現。

經過一個多小時上漲股價形成整理走勢，長時間的整理是主力高位出貨導致的嗎？如果主力早盤拉高股價而後在高位區間出貨，那麼不管是上漲還是整理都會放量，主力大量持倉是不可能在縮量中完成出貨的。因此，只要從成交量入手，便可以判斷主力的操作意圖。

從成交量來看，股價上漲到高點後開始持續性的縮量。別說主力的巨量持倉，就是大資金的一般投資人，在如此低迷的成交量中也很難順利賣出。因此，整理區間的量能型態，向投資人發出安全的訊號。在這種情況下，可以繼續堅定持倉或是積極尋找買點入場。

圖 4-31 中，冠城大通經過早盤一波放量快速上漲後，出現整理走勢。投資人每看到整理走勢都會恐慌，生怕整理轉為下跌。上漲之後的整理是股價波動的正常走勢，也是必然出現的走勢。健康的整理不僅不會影響到未來的上漲，還會使上漲更加凌厲；只有主力出貨性質的整理，才會導致股價轉為下跌。因此整理並不可怕，主力是否出貨才是關鍵。

分時線形成整理走勢時成交量越來越小，最終形成分時量點的現象。極少的成交量說明主力資金沒有出貨。不管主力是不想出貨，還是想出貨卻沒有條件，極小的成交量都限制了主力出貨行為。由於主力巨量的持倉絕不可能在這麼少的成交量中順利脫身，因此分時量點的形成，說明此時股價波動的安全性很高。

既然當前股價整理的性質是健康的，那麼未來上漲的機率極大，只是我們無法得知上漲很快就會出現，還是股價要再震盪一段時間。分時量點是股價整理過程中，提示波動性質安全性的一種訊號，也是提示投資人可以繼續持股的訊號。

元力股份 18.67 +2.98 漲停:18.83 跌停:12.55 流通盤:30748 預估量:207197 均價

VOL(5,10,20) 量2324↑ MA1 1004.600↑ MA2 1199.536↑ MA3 1030.372↑

▲ 圖 4-31　冠城大通 2021 年 8 月 6 日走勢

　　圖 4-32 中，盛通股份一開盤先形成震盪回落的走勢。回落過程中成交量出現萎縮的跡象，此時的縮量是主力的震倉量點嗎？股價回落但成交量沒有放大，只能說明盤中沒有資金在積極操作，因為上漲行情沒有確立，所以不能確認這就是主力的震倉量點。震倉量點一定會出現在盤中放量上漲之後的整理低點區間，而不是開盤後的回落走勢中。

　　只有當股價在盤中出現明顯放量上漲後，才能經由分析分時線在整理時出現的量點跡象，判斷主力有沒有出貨的意圖。因為股價上漲後，主力投入的資金必然實現了獲利，如果主力出貨成交量就會繼續放大，不管是上漲還

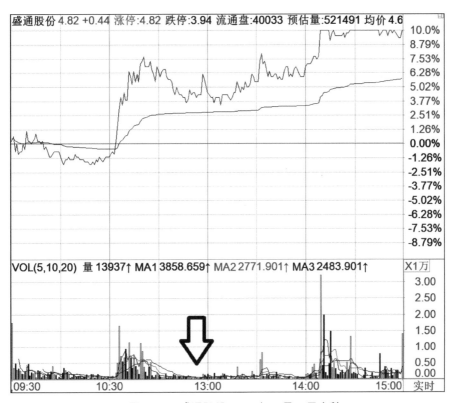

▲ 圖 4-32　盛通股份 2021 年 8 月 6 日走勢

是下跌，都會伴隨明顯放量。若放量上漲後出現縮量，說明主力並沒有出貨，整理後股價還將繼續上漲。

　　雖然股價在上漲途中出現多次震盪整理的走勢，但每次整理的成交量都急劇萎縮，導致主力資金無法完成出貨操作。而主力沒有出貨的區間便不是頂部，既然股價還沒漲到頂部，那麼整理後必然會出現進一步上漲行情。在上漲行情到來前的整理區間，可以繼續持股或是積極尋找買入機會。

　　圖 4-33 中，章源鎢業的股價在開盤略做下探後，分時線始終在均價線上方震盪上行。在沒有任何主力資金出貨跡象及趨勢完全轉變前，應堅定持

股，不要因為股價暫時性的下跌而動搖信心。

一波放量上衝後，股價突然出現連續下跌走勢。面對分時線的下行，投資人該賣出嗎？並不是所有的下跌都該賣出，賣與不賣一定要看下跌的性質：有主力出貨跡象的下跌，一定要賣；沒有主力出貨跡象的下跌，可以暫時忍耐，畢竟股價不可能一味上漲，總會出現各種整理或下跌。

股價整理時成交量始終保持萎縮狀態。不斷減少的量能說明股價的下跌不是資金出貨造成的，而是主力的震倉操作或是股價正常的盤中回落。由於主力資金並沒有出貨，所以股價整理結束便連續上漲直達漲停。由此可見，

▲ 圖 4-33　章源鎢業 2021 年 8 月 6 日走勢

不管股價如何下跌，只要形成分時量點型態，其下跌的性質就是健康的。

　　圖 4-34 中，英維克開盤後經過一小時震盪上漲，衝到漲停板的位置，但沒過多久就又一次下跌。這樣的走勢會干擾投資人操作，因為主力出貨時往往會在漲停位置大做文章。漲停板頻繁打開後，有的繼續大漲，有的則很快轉為下跌。所以，想要把握住後期的機會或是防範風險，一定要分析成交量的變化。

　　漲停板被打開時，不管有沒有主力資金出貨成交量都會放大。就算主力資金不出貨，一般投資人的賣盤也完全可以砸開漲停，所以只看漲停板打開

▲ 圖 4-34　英維克 2021 年 8 月 4 日走勢

時的成交量，並不能判斷主力的操作意圖。既然股價能被封漲停，就說明的確有主力在這個區域操作，否則光靠一般投資人的買盤很難封住漲停。只要主力還在場中事情就好辦了：只需要一波下跌，就能看出其操盤的意圖。

從圖 4-34 中，可以看到股價持續回落的過程中，成交量始終保持萎縮態勢，沒有出現明顯的放量現象，說明主力資金不願在下跌過程中出貨。就算主力在漲停處減倉，若下跌過程中不出貨，就說明只想在漲停的價位出貨，凡是低於漲停的價位都不會出貨。

這就說明股價後期必然有高點，因為主力的心理價位大於或等於當天的漲停價格。經由分析打開漲停之後的分時量能，便可以準確判斷主力的操盤意圖，從而正確制訂後期的操作計畫。

圖 4-35 中，中信特鋼開盤後在成交量連續放大的推動下，展開快速上漲的走勢，經過半個小時的上衝股價開始回落。股價在高漲幅區間回落，這是不是表示主力資金開始出貨了呢？要知道，許多出貨個股就是這樣操盤的：開盤讓股價大幅上漲吸引人氣，給投資人一種「股價馬上封死漲停，明天還會繼續上漲」的錯覺，之後反手就大肆出貨，導致股價下跌。因此，對於高漲幅區間的回落走勢一定要多留心。

股價回落時分時線快速向均價線靠近，這種走勢具有一定的殺傷力，如果股價進一步跌破均價線，分時圖的整體走勢就不好看了。面對這樣的走勢，該如何分析呢？其實只要看一下成交量的變化就清楚了。

可以看到，在股價殺跌的過程中成交量始終保持萎縮，形成分時量點型態。量能沒有放大，主力怎麼可能完成出貨呢？既然主力沒有出貨，那麼股價當前的下跌就是「假摔」，只是為了恐嚇投資人。由於殺跌無量，股價回落後再度上漲也就很正常了。分時量點型態不管出現在股價溫和整理時，還是出現在有力度的殺跌型態中，都能幫助投資人識別股價波動的性質，從而規避風險和把握機會。

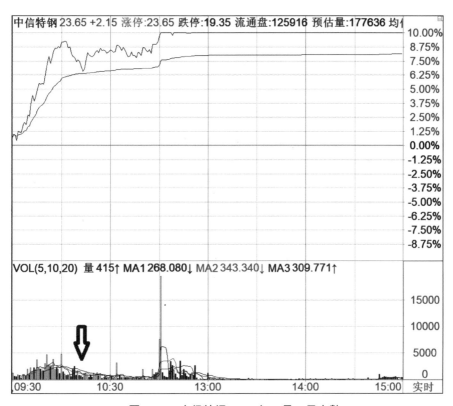

▲ 圖 4-35　中信特鋼 2021 年 8 月 6 日走勢

　　圖 4-36 中，翔鷺鎢業開盤後在成交量放大的情況下，出現近 1 個小時的上漲走勢，成交量在上漲中途的整理時形成分時量點型態。但由於股價整理的幅度很小、整理的時間很短，因此無法給投資人較大的持股壓力。投資人不感到恐慌，就沒有必要常常識別股價波動的性質。只有投資人感到緊張時，才有必要做精細的分析。

　　上漲結束後股價形成近半個小時的整理，隨時有可能跌破均價線的支撐，因此有必要分析股價健康的波動性質，看是否已發生改變。

　　整理過程中，成交量並沒有出現放大的跡象，說明盤中並沒有主力資金

翔鷺钨业 11.69 +1.06 涨停:11.69 跌停:9.57 流通盘:21220 预估量:150368 均价

▲ 圖 4-36　翔鷺鎢業 2021 年 8 月 6 日走勢

出貨。主力資金沒有出貨，股價出現縮量整理，這就是經典的分時量點的震倉型態。在股價波動性質健康的情況下，上漲行情會在後期繼續展開。

鼎勝新材的股價在圖 4-37 中形成一個大的上升趨勢，分時線從開盤到收盤始終保持震盪上漲走勢，說明資金在盤中願意以更高的價位持續買入，這一點可以從每波上漲都伴隨成交量放大的現象得到證實。

雖然大的上升趨勢很明確，但在股價上漲過程中，還是出現多次整理走勢，且每次整理都回檔上漲波段的 50% 左右，難免會讓投資人擔心。一兩次的整理還可以，如果是連續多次的整理，誰都不知道哪一次就會轉為下

▲ 圖 4-37　鼎勝新材 2021 年 8 月 6 日走勢

跌。所以當整理出現時，一定要仔細分析，以便隨時整理操作。

　　雖然股價整理的具體型態，以及整理出現的位置各不相同，但這幾次有一個共性：成交量始終沒有放大的跡象。量能沒有放大說明主力資金在上漲過程中都沒有出貨，意味著這一天的價格都不是主力資金出貨的目標位。主力資金還沒有出貨，怎麼可能允許下跌走勢就此展開呢？

　　因此，此時的下跌只是一種震倉，主力資金希望在上漲之前利用下跌走勢，儘量將更多的投資人趕出局，圖中的分時量點準確地暴露了主力資金的操作意圖。

　　實戰過程中，雖然分時線回落會使投資人的資金暫時縮水或利潤回吐，但並非所有的整理或下跌都是風險的訊號。實盤中無量的整理與殺跌，只會使股價在後期更好地上漲，因為在主力還沒有來得及出貨時，短暫的下跌結束必然迎來報復性上漲的行情，否則主力如何獲利？

　　遇到股價整理時可以擔心害怕，但一定要冷靜分析分時量點現象，這樣一來，後市該如何操作心裡就有底了。

專家心法

主力進行震倉操作時，由於並沒有大手筆賣出，所以股價波動過程中必然會形成分時量點的跡象。投資人一旦發現股價不管是上漲還是下跌時，形成分時量點震倉的走勢，都要耐心持股。

4-6

由均價線與分時圖的關係，找出最佳買點

　　股價在盤中形成整理走勢時，可以根據成交量的變化判斷股價波動的安全性。如果整理時資金沒有出貨，投資人就需要使用支撐買點在整理的低點區間建倉。想要找到支撐位，就要順著成本這個思路去找，誰能夠代表成本，誰就具有支撐作用。

　　很顯然，均價線是成本最直接的體現，因此查看分時圖時，必須加強分析均價線與分時線的關係。而分時線支撐買點，正是利用均價線，會對價格的整理產生強大支撐作用這一特點。當分時線向均價線靠近，並得到均價線支撐再次向上時，便可以入場買進。

　　圖 4-38 中，元力股份開盤後，在成交量放大的推動下出現第一波上漲。這些早盤入場的資金怎麼就那麼聰明，知道股價當天要漲，一開盤就集中介入呢？開盤就放量，說明資金已經做好在當天積極操作的準備。

　　股價短線上衝後出現一次整理走勢，分時線向下回落的過程中，成交量始終保持低迷狀態，說明主力資金沒有任何出貨跡象。如果資金沒有出貨，股價此時的回落性質就是安全的。整理過程中，分時線的低點先後兩次觸及均價線，但每次達到均價線處就會停止下跌，說明均價線對股價產生強大支撐作用。

　　當分時線到達均價線處時，投資人要先看整理是否放量。若是放量整理

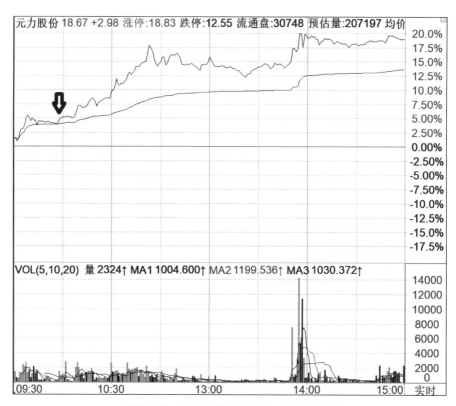

▲ 圖 4-38　元力股份 2021 年 8 月 6 日走勢

到達均價線就要謹慎一點，以防股價繼續向下跌破均價線；若是無量整理靠近均價線，那麼只要分時線在均價線上方出現向上的跡象，就可以進場。均價線要先發揮阻止股價繼續回落的作用，而後發揮促進股價繼續上漲的作用。因此，一定要等到分時線重新向上時才可以買進。

　　圖 4-39 中，金瑞礦業開盤後走出一波快速上衝的行情。這種一波就漲了 5% 的走勢，說明必然有強大的主力資金藏身其中。上衝過後，股價形成整理走勢。

　　從圖中可以看到，雖然經過近 50 分鐘的整理，但股價的波動重心始終

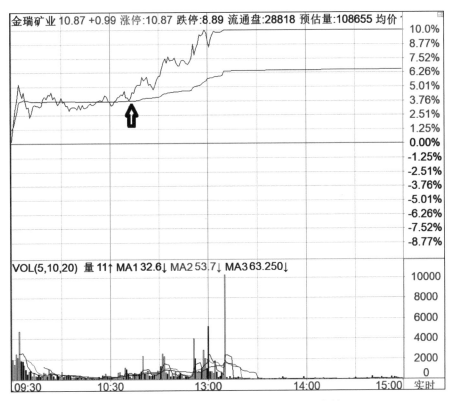

▲ 圖 4-39　金瑞礦業 2021 年 8 月 6 日走勢

沒有跌下來，顯然背後有資金在支撐股價。有能力快速上衝，還有能力支撐股價的波動，一定要盯牢這種主力操盤意圖明顯的個股，只要盤中出現買點就可以在第一時間介入其中，抓住獲利的機會。

　　在前一小時的波動中，分時線在均價線上下徘徊，雖然股價沒有下跌，但是均價線沒有發揮支撐作用，因此沒有合適的支撐買點出現。此時，投資人要麼使用其他方法尋找機會，要麼繼續等待。

　　經過十幾分鐘的震盪後，均價線終於發揮支撐作用，當分時線回落到均價線處時，沒有繼續下探，而是形成了向上走勢。在均價線支撐有效後，一

且分時線扭頭向上，就是盤中介入的大好機會。如果當時日 K 線也處於比較好的位置，就相當於賺錢的機會到了。

由於均價線代表當前盤中資金的平均持倉成本，因此從原理上講，它必然會對股價有支撐作用，而股價受到支撐後也必然停止回落，並蓄勢展開新一輪上漲。如圖 4-40，雲天化開盤後不久，就在成交量連續放大的推動下形成震盪上漲走勢，表示一開盤便有資金積極參與。

這種開盤溫和且連續放量的走勢，若出現在日 K 線較為理想的點位，則股價在後期進一步大幅上漲的可能性非常大。

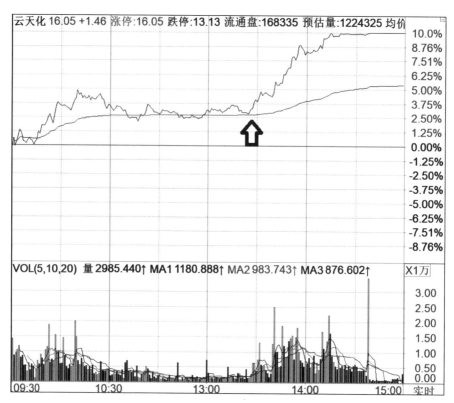

▲ 圖 4-40　雲天化 2021 年 8 月 6 日走勢

　　上漲後整理隨之出現。上漲之後必然會有整理，就像你我的呼吸一樣，一呼一吸交替出現，這是鐵律！好的整理會促使股價後期上行，但什麼是好的整理呢？就是均價線支撐作用非常明顯的整理。從圖 4-40 來看，在上午股價整理過程中，整理低點都跌破均價線，意味著上午沒有出現支撐買點，投資人不宜在股價跌破均價線時過早入場。

　　到了下午情況則不同了。這一次整理低點沒有再跌破均價線，觸及均價線後便停止下跌，說明均價線對股價回落有強大的阻止作用。阻止下跌效應顯現後，分時線上行意味著均價線的促漲作用發揮效果。先阻止下跌，再促

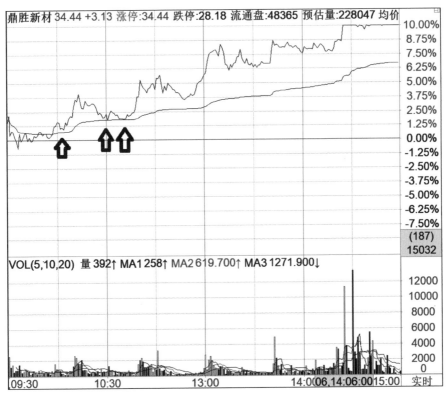

▲ 圖 4-41　鼎勝新材 2021 年 8 月 6 日走勢

使上漲。因此，分時線在獲得支撐、轉頭向上時就是最佳的買入時機。

如圖 4-41，鼎勝新材的股價在小幅高開後便出現回落走勢。前半小時，分時線基本上一直在均價線下方波動，這是盤面弱勢的典型特徵。不管股價是高開還是低開，分時線位於均價線下方的型態都是弱勢型態，只要分時線位於均價線下方，就不能入場。

經過約半小時的弱勢震盪，股價終於重新爬上均價線，意味著股價有走強的初步跡象，只有這個時候才可以留意可能出現的買點，從而擇機入場。分時線爬上均價線後，先後出現兩次整理的走勢，雖然型態各不相同，卻有相同的技術特徵：一是成交量均出現了萎縮，說明在整理過程中沒有資金集中出走，整理的性質是安全的；二是整理回落的低點到達均價線後便停止下跌、轉為上漲，說明均價線發揮明顯的支撐作用。

一旦均價線發揮支撐作用，並且分時線在受到支撐後出現向上的跡象，就要積極入場，這就是分時支撐買點的操作細節。越早發現分時線向上的跡象，持倉成本就越佔優勢。當跡象不明顯時，千萬不要為了降低持倉成本而買進。只有向上跡象明顯且及時發現，才是最好的操作。

圖 4-42 中，海得控制在開盤下探後雖然出現一小波上漲行情，但隨後分時線長時間位於均價線下方，說明空方占上風，場中資金甘願虧損持倉。對於這種分時線位於均價線下方的走勢，要小心迴避。手中持股的，在股價沒有大跌前可以暫時忍受一下，有時候小虧即是賺；若是空倉的，則需要等待股價走強後再做打算。

經過一上午的弱勢震盪，分時線在下午開盤後不久，終於爬到均價線上方，股價出現走強的跡象。正因如此，股價才在後期出現放量漲停走勢。漲停前，股價曾出現一次整理的走勢，但這次整理與之前幾個案例不同，分時線並沒有完全觸及均價線，而是略有一些距離。

這種支撐稱之為均價線的「懸浮式」支撐，是強勢支撐的表現，意味著多頭力量比觸及均價線的支撐中的多頭力量更強大。因為「懸浮式」支撐同

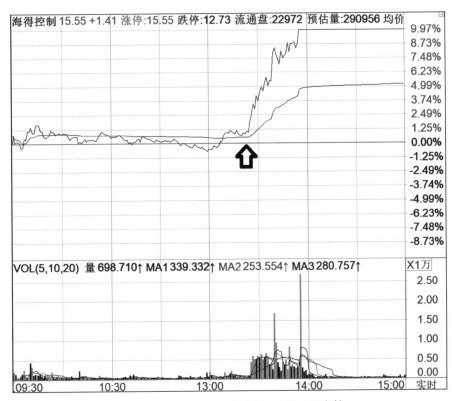

▲ 圖 4-42　海得控制 2021 年 8 月 6 日走勢

樣是有效的支撐，所以在分時線向上的第一時間，就可以入場買進。

　　均價線的支撐作用越明顯，股價在後期上漲的機率就越大。支撐作用是股價波動過程中的常見現象，這意味著投資人使用支撐買點的機會非常多。機會多，才不容易錯失行情，這是高獲利的基礎保障！

4-7

由首次放量買點，
找出主力進場的跡象

　　每個投資人都希望能夠買在主力資金剛剛入場、股價剛剛上漲的區間，這個位置因為離主力持倉成本非常近，所以安全性很高，後期獲利的幅度也非常大。有什麼方法可以知道主力資金開始入場建倉了呢？

　　這要從成交量的變化入手，而且要從開盤起就一直關注。若開盤後某檔股票的成交量一直較低，而後突然出現放量的跡象，由於它是盤中第一次放量，因此可以斷定這就是資金剛剛開始建倉。

　　圖 4-43 中，欣銳科技在開盤後形成快速上衝的走勢。使用首次放量買點時一定要記住：剛開盤時的放量是不算的，尤其是股價有明顯的開高或開低現象時。早盤的放量雖然有可能是主力資金建倉，但分析時要將它排除在外，只有盤中形成的第一次放量，才可以被視為資金的首次放量。

　　股價上衝之後形成整理走勢，成交量也出現明顯萎縮，此時的縮量為判斷後期能否形成首次放量提供非常直觀的參照。經過半小時的震盪成交量再次放大，這是縮量之後形成的第一次放量，因此，這裡就是當天主力資金的重要建倉成本區。只要股價的日 K 線處於比較理想的位置，並且於盤中發現首次放量現象，就可以入場追漲。

　　股價形成首次放量時，上漲的速度往往比較快，要想在低點介入只能等待後期的整理。但由於整理發生在上漲之後，其成本比起剛放量時追漲的介

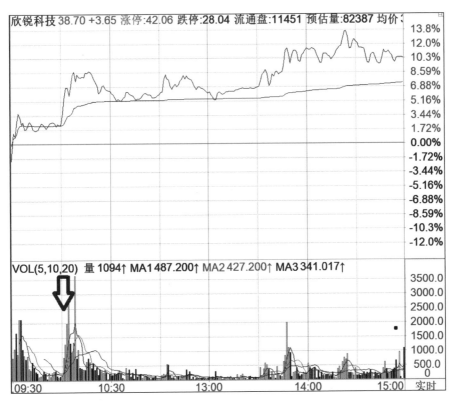

▲ 圖 4-43　欣銳科技 2021 年 8 月 6 日走勢

入點位仍然較高。因此，合適的做法就是在首次放量剛形成時追漲。當然，若股價在首次放量後就有大幅度上漲，那麼還是等整理低點出現後再買入較好。

　　圖 4-44 中，盛通股份在開盤後形成明顯的弱勢波動，分時線整體都在均價線下方。投資人面對這種走勢，不能積極入場，如果強勢特徵不明顯，股價波動的安全性就會很低。千萬別忘了，那些大跌的股票就是在弱勢特徵形成後，一步一步跌進深淵的。

　　經過一小時左右的弱勢波動，股價終於向上突破均價線的壓力。突破走

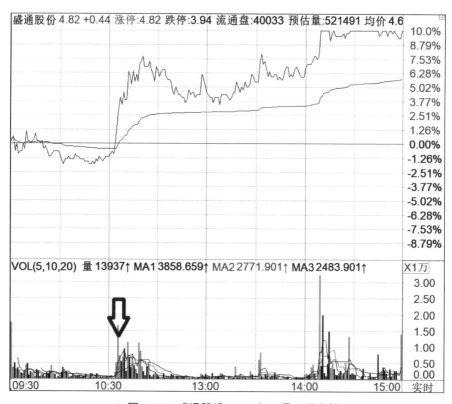

▲ 圖 4-44　盛通股份 2021 年 8 月 6 日走勢

勢形成時，成交量隨之密集放大，量能放大說明盤中有資金正在積極建倉，正是這些資金介入帶來股價的強勢特徵。

　　只有主力資金才能推動股價突破均價線壓力，並形成上升趨勢。因此，成交量在盤中形成的首次放量，必然是主力資金建倉引起的。發現主力資金明顯的建倉動作後，投資人只要及時買進，就可以在後期輕鬆實現較高的短線獲利。首次放量非常容易發現，只要將放量形成時的成交量柱體與前一小時對比，就可以立即發現機會所在。

　　圖 4-45 中，安納達開盤後成交量始終低迷，這種量能型態就是典型的

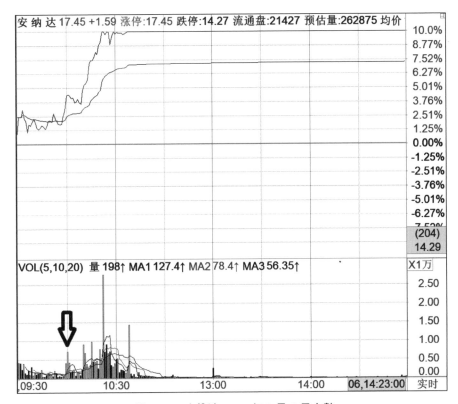

安 纳 达 17.45 +1.59 涨停:17.45 跌停:14.27 流通盘:21427 预估量:262875 均价

10.0%
8.77%
7.52%
6.27%
5.01%
3.76%
2.51%
1.25%
0.00%
-1.25%
-2.51%
-3.76%
-5.01%
-6.27%
-7.52%

(204)
14.29

VOL(5,10,20)　量 198↑ MA1 127.4↑ MA2 78.4↑ MA3 56.35↑

X1万
2.50
2.00
1.50
1.00
0.50
0.00

09:30　　　　10:30　　　　13:00　　　　14:00　06,14:23:00　实时

▲ 圖 4-45　安納達 2021 年 8 月 6 日走勢

散戶量。因為沒有主力資金介入，所以分時線在早盤一直保持弱勢震盪走勢。由此可見，在主力資金介入之前，股價的波動不會給投資人帶來好的獲利機會。

　　經過近半小時的弱勢震盪，股價快速上漲，同時成交量明顯增加，表示當前上漲是資金介入導致的。有資金在盤中首次入場操作，就意味著買點到來了。什麼位置的買點是最安全的呢？自然是與主力持倉成本一致的點位，而首次買點解決了這個難題。

　　由於成交量自開盤後一直保持無量狀態，因此，當前的放量可以被稱為

「首次放量」。只有主力資金才能引發成交量明顯放大，一般投資人的資金很難讓成交量集中放大。因此，首次放量往往是由於主力資金在當天的第一次建倉操作。因為主力資金有能力控制股價的波動，所以跟著它們一起買進自然非常安全，並且很容易實現較高的獲利。

　　如圖 4-46，創元科技在開盤後，成交量整體保持萎縮的狀態。雖然有單根放量現象出現，但成交量的放大不能持續，且單根放量出現在股價下跌之時，因此這種放量並不是主力資金建倉導致的。如果主力資金沒有入場，那麼股價保持了一上午的弱勢特徵就很容易理解了。

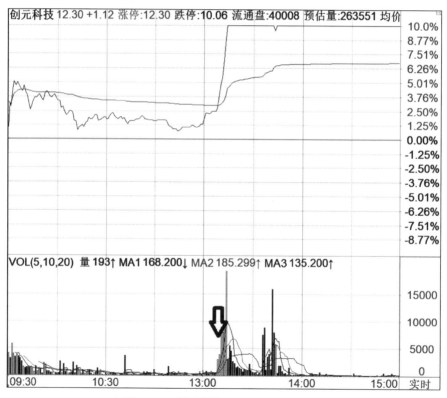

▲ 圖 4-46　創元科技 2021 年 8 月 6 日走勢

　　下午開盤後不久，股價突然出現大力度向上突破的走勢。在分時線以極大的角度上揚時，成交量也出現放大跡象。量能放大與股價大力度上漲，說明盤中有資金正在積極操作。那麼，是誰有能力推動股價大力度上漲並放大成交量呢？很顯然，一般投資人沒有這個能力，只有主力才可以。

　　一旦成交量在盤中形成首次放量，投資人一定要積極操作。主力的建倉位可經由首次放量的位置準確地判斷出來，因此只要股價漲幅不大，就可以放心大膽地操作。離主力建倉成本越近，安全性就越高，後期的獲利就越大。

　　圖 4-47 中，鵬欣資源在開盤後股價上下震盪時，成交量始終保持萎縮狀態，說明盤中資金暫時沒有積極操作的打算。只要主力資金不發力，股價就很難形成強勁的上漲走勢。所以在縮量過程中，投資人不宜入場進行短線操作。

　　經過一段時間的震盪，股價出現突破新高的走勢，在分時線突破盤中高點時成交量隨之放大，這是開盤後的首次放量。因此，量能放大的性質便是主力資金的建倉。盤中確定主力資金的建倉成本區後，投資人只要在這個區間附近買入，資金的安全性就很高。

　　投資人只要對比前期的無量走勢，就很容易確定首次放量技術形態。在首次放量現象形成時，一定要查看分時線的波動型態。只有在首次放量現象形成時，分時線出現明顯的上漲跡象，或是形成突破走勢才可以介入。如果首次放量對應的是股價下跌，那麼無論如何也要堅決迴避，即使手中有持股也要先賣出迴避風險，因為這往往是主力資金的第一次拋售，後面可能還有第二次、第三次。因此只有對應著股價上漲的首次放量，才可以入場買進。

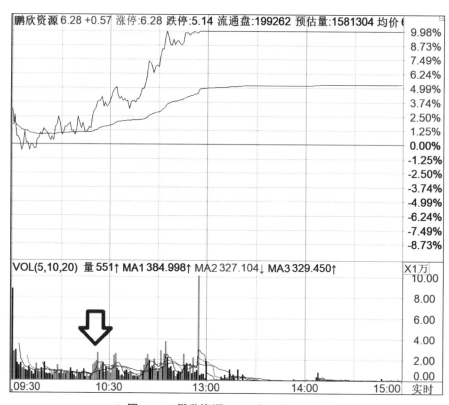

▲ 圖 4-47　鵬欣資源 2021 年 8 月 6 日走勢

4-8
由分時穿線買點，
確認進入多頭市場

　　股價由強勢變成弱勢、由弱勢變成強勢是正常的循環。在股價變弱時一定要及時離場規避風險，而一旦股價出現走強的跡象就要及早入場。此時，越早入場做多，越容易獲得大的收益。

　　在股價由弱變強時，有一種技術特徵可以更早提示投資人介入機會，那就是分時線向上突破均價線的壓力。分時線在均價線下方運行，意味著價格的弱勢，此時價格的波動屬性為空頭。而一旦分時線向上突破均價線壓力，就意味著價格由此進入多頭狀態，這是強勢的起點。只要此時日 K 線處於一個比較理想的位置，沒有到達高位或是頂部的風險區間，就可以在盤中分時線向上穿越均價線時入場操作。

　　聚光科技經過持續的震盪上漲，在圖4-48中形成較大的上漲幅度，即使沒有漲停，也足以給投資人帶來較大的獲利。那麼，該如何在股價低位把握住操作的機會呢？

　　剛開盤時股價並沒有立即上漲，分時線位於均價線下方保持弱勢的型態。這樣的走勢雖然暫時不能給投資人提供交易的機會，但是並不意味失去關注的價值。若分時線一直在均價線下方，則可以繼續等待；一旦分時線向上突破均價線，就要及時入場操作。

　　分時線位於均價線下方，意味著股價是空頭性質的波動；一旦分時線位

於均價線上方，就意味著股價的波動具備多頭性質。在波動性質由空頭轉為多頭時，是一次很好的介入點。

從圖 4-48 來看，股價在起漲、向上突破均價線時，給投資人提供一次分時穿線買點；而後整理結束再度上漲時，分時線又一次向上突破均價線，再次給投資人帶來獲利機會。這兩個介入點都在股價上漲初期，一旦介入，獲利空間是非常大的。

▲ 圖 4-48　聚光科技 2021 年 8 月 25 日走勢

　　圖 4-49 中，精功科技在開盤後分時線出現回落走勢。只要分時線在均價線下方，價格不管怎麼波動都是空頭性質。除非日 K 線的確存在好機會，否則短線是絕對不能提前入場操作的。

　　經過十幾分鐘的震盪，股價終於向上突破均價線，意味著分時穿線買點隨之形成，此時投資人應當積極買進。股價性質由空轉多，本身就是買入的理由，更何況均價線的壓力一旦被克服，就會轉變為對價格的強大支撐。因此，穿線買點形成時，一定要第一時間入場。

　　均價線的波動是平緩的，不像分時線那麼劇烈，所以可以提前預估在什麼價位可以買進。具體買進時一定要在均價線價格的基礎上，不能直接以均價線本身的價格買進，以確保突破走勢形成。

▲ 圖 4-49　精功科技 2021 年 8 月 19 日走勢

分時線與均價線價格一致稱作「持平」，不稱作「突破」。既然是穿線買點，就要求價格向上完成穿越。

圖 4-50 中，中際聯合在開盤後股價震盪向下，分時線位於均價線下方時成交量沒有密集放大，說明在早盤下跌的過程中，主力資金沒有大規模出貨。無量回落說明股價此時雖然較弱，但比較安全。

經過一段時間的弱勢回落，分時線快速向上完成穿越均價線。只要穿越現象出現，買點就隨即到來。穿線買點要求價格首先跌破均價線，在均價線下方運行，之後再向上突破均價線。這種走勢不僅意味著價格的波動性質由空轉多，還意味著弱勢波動可能結束，一輪上漲行情即將開始。因此，在這

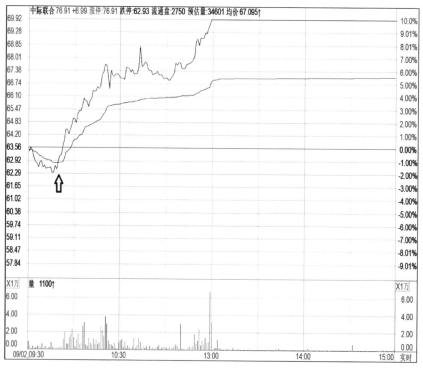

▲ 圖 4-50　中際聯合 2021 年 9 月 2 日走勢

個點位介入，獲利幅度往往非常大。

　　只要投資人常觀察股價的波動型態就會發現，強勢股票的分時線會一直在均價線上方，而弱勢股票的分時線，則會一直在均價線的下方，均價線與分時線的關係決定股價的強弱。當股價由弱變強時，自然就是最佳的買進時機。

　　圖 4-51 中，電子城的股價在開盤後略做上衝，分時線便跌破均價線，股價進入空頭性質的波動中，只要這種現象沒有改變就要保持觀望。除非是逢低買進的操作方式，否則只有股價走強時才可以買進。逢低買進要求在弱勢區間介入，以犧牲安全性為代價，換來較低的成本。而短線交易往往在買入股票後股價馬上起漲，需要犧牲成本，換來股價波動較高的安全性。因

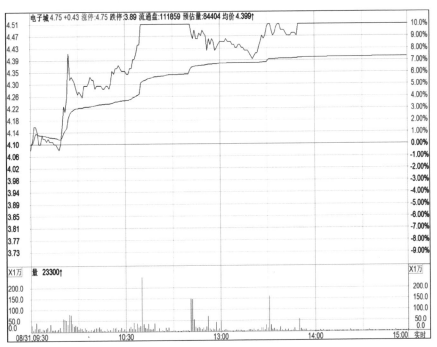

▲ 圖 4-51　電子城 2021 年 8 月 31 日走勢

此，只要股價沒有形成多頭性質的波動，就不能提前入場操作。

經過約 20 分鐘的震盪回落，分時線終於快速向上突破均價線。只要投資人提前盯牢這檔股票，此時的買點絕對跑不掉。因為分時線向上突破均價線的速度往往很快，所以從盤中尋找目標很難抓住機會，只有提前選好幾支強勢股在盤中持續關注，才有可能在第一時間發現目標並買入。

穿線買點最佳的介入點，但在實際操作時由於價格波動非常快，買入價格只要在均價線上方且距離均價線比較近都可以。當然，萬一錯過買點也不用擔心，還可以採用其他方法在上漲中途繼續捕捉機會。操盤方法越多，獲利的機會就越大！

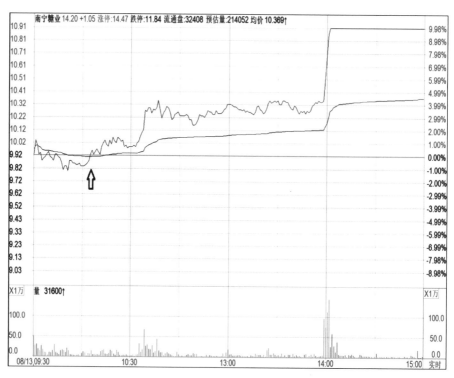

▲ 圖 4-52　南寧糖業 2021 年 8 月 13 日走勢

　　圖 4-52 中，南寧糖業開盤後便陷入持續的弱勢波動，分時線一直在均價線下方，且均價線形成向下的趨勢。對於這種弱勢型態，必須放棄短線操作。因為短線操作講究的是擇強而入，買點往往出現在分時線位於均價線上方時。

　　經過半個多小時的弱勢震盪，分時線終於向上突破均價線的壓力，意味著股價的波動性質由空頭轉變為多頭，在多空性質轉變的交界處，就可以積極入場做多了。

　　從圖 4-52 的走勢來看，分時線位於均價線上方後，各種類型的買入機會紛紛出現，整理低點、突破、雙低點抬高、起點殺等層出不窮，而在弱勢型態時買入機會則非常少。因此，想要更穩定地獲利，一定要等股價進入多頭性質的波動之後再動手操作。

　　分時穿線買點形成前，分時線都在均價線下方運行。由於均價線的波動較為平緩，大致在什麼價位會形成買點可以提前做出判斷，給投資人足夠的時間事先進行準備。因此，只要提前選定了目標對象，就不會錯過買入機會。

國家圖書館出版品預行編目（CIP）資料

我用K線買低賣高：短線當沖、抓長線大牛股、搭主力順風車，都可以用177張圖一次學會！／無形著. -- 新北市：大樂文化有限公司，2024.1
272面；17×23公分 （優渥叢書Money；066）

ISBN 978-626-7422-04-5（平裝）
1.股票投資　2.投資技術　3.投資分析
563.53　　　　　　　　　　　　　　　　112021405

Money 066

我用K線買低賣高

短線當沖、抓長線大牛股、搭主力順風車，
都可以用177張圖一次學會！

作　　者／無　形
封面設計／蕭壽佳
內頁排版／王信中
責任編輯／林育如
主　　編／皮海屏
發行專員／張紜蓁
發行主任／鄭羽希
財務經理／陳碧蘭
發行經理／高世權
總編輯、總經理／蔡連壽
出 版 者／大樂文化有限公司（優渥誌）
　　　　　地址：220新北市板橋區文化路一段268號18樓之一
　　　　　電話：（02）2258-3656
　　　　　傳真：（02）2258-3660
詢問購書相關資訊請洽：2258-3656
郵政劃撥帳號／50211045　戶名／大樂文化有限公司

香港發行／豐達出版發行有限公司
地址：香港柴灣永泰道70號柴灣工業城2期1805室
電話：852-2172 6513　傳真：852-2172 4355

法律顧問／第一國際法律事務所余淑杏律師
印　　刷／韋懋實業有限公司

出版日期／2024年1月29日
定　　價／350元（缺頁或損毀的書，請寄回更換）
I S B N／978-626-7422-04-5